如果害怕上班，呼叫

呼叫 MBTI

給比起工作，與人相處更吃力的上班族，
讓心變輕鬆的16型人格共事說明書

曹受妍 조수연 (Cho su yeon)——著
貓小姐Ms. Cat——繪
莊曼淳——譯

출근이 두렵다면, MBTI

方舟文化

Contents 目錄

作者的話

　　許多上班族都承受著來自人際關係的壓力。公司的業務本來就已經很累人了，令人感到不自在的同事又讓我們更加恐懼上班。

　　我也是如此，過去曾經遇到一個讓我不惜想要辭職的上司。那位上司對弱者強硬，對強者則總是示弱，是那種典型的欺善怕惡型領袖。就算高層提出了無理的要求，他也總是不經一絲過濾地接下來，然後擺出一副「處理這個是你的責任」、「現在馬上幫我完成」的態度，讓人很難期待他展現對工作夥伴的尊重。每當這個時候，我總是覺得自己就像是支牙膏，熱情全都被上司榨乾之後，便會被拋棄。儘管如此，只要我一天不辭職，就只能試著去理解上司。我都已經如此費盡心思在職場上經營到現在了，如果因為上司而決定辭職，總覺得就等於是承認自己失敗了一樣。所以我只好更努力研究我的上司——我很好奇上司口中的我，和我眼中的上司，是否都是「真的」。

　　利用 MBTI 類型來觀察後，我才發現我們實在太不一樣了。我就像是個不知道會往哪裡彈的彈跳球，而他最討厭的

就是意料之外的問題。一想到儘管不完美，仍舊覺得嘗試很有意義的我，對於上司來說「一直都是個不安要素」，就忍不住對他產生了憐憫之心。直到那時，我才領悟到那些他朝我射來的箭，也有可能只是為了活下去而展開的盾牌。

　　人們對於自己無法避開的人，總是會本能地反覆將其認定為讓自己辛苦的人。因為人類的大腦構造被設計成能夠識別不好的經驗，並對其做出應對。這就跟我們在開車的時候，遇到危險的瞬間會減低速度；但是在美麗的景緻前，卻不會輕易減速的習慣類似。所以，如果無法得知讓自己過得辛苦的性格類型與行事風格，並悟出與其共存的方法，說不定會反覆陷入痛苦的泥淖。

　　相反地，如果能夠理解讓自己過得辛苦的同事與上司並非針對自己進行攻擊，而是為了保護他們自身而進行防禦，就能守護住彼此的領域。我想向各位推薦 MBTI，這是一個能夠用以如此互相理解的方法。以互為異性極的結構分析人格類型的 MBTI，很適合用來理解他人與自己的不同。說不定也正因為這樣，它才如此容易被大眾接受。

　　本書探索了依據 MBTI 類型營造的職場生活樣貌，並傳授能夠更加機智工作的訣竅。對於那些比起工作，更因對共

事的人感到吃力而陷入苦惱的上班族，希望這本書可以提供小小的解決方法。尤其，我希望能讓讀者們在閱讀這本書後，產生「所以那個時候，那位同事才會做出那樣的行動啊？」、「原來工作的時候，我在別人眼中看來可能是那樣的啊！」諸如此類領悟，並提出可以減少因彼此差異而導致人際矛盾漸漸擴大的溝通方式。

另一方面，這本書為了幫助讀者理解各人格類型，引用了多種案例與範例，但是我擔心讀者們反而會產生那些案例就是該人格類型普遍樣貌的刻板印象，所以格外小心謹慎。事實上，影響上班族的不僅是性格類型，還有本人身處的工作環境或組織文化、目前的工作態度等。所以，你也可能因為覺得本書中出現的逸事與現實的樣貌不同而產生距離感，或是感到牽強。本書中為了幫助理解而提出的案例僅供參考，希望讀者們不要將MBTI的框架套用到身邊的同事身上。

同樣的空間，非常不一樣的同事

有時候光是跟與自己性格相異的同事待在同一個空間，就會讓人感到生氣。而我就有一個總是會引起我怒火，和我的喜好大相逕庭的同事。

通常我在抵達公司的同時，便已開啟了工作模式的開關。在等待電腦開機的期間，我習慣排定當日待辦業務的順序以及預計需要的時間。想到今天依舊是緊湊而忙碌的一天，我趕緊打起了精神。上班時間中，我因為捨不得讓屁股離開椅子，甚至不惜忍住不去上廁所，全心投入於工作。這一切都是為了得到「六點準時下班」的報酬——這是為了在生活中準確把工作過濾出來而做出的掙扎。

相反地，坐在我隔壁的同事——朴代理，過著工作與生活相融的日子。他一上班就會走向同事們打招呼，並且為了和同事們一起吃到美味的午餐，欣然利用工作時間搜尋美食名店。此外，還會自願站在獨自影印文件的同事身邊，扮演說話的同伴。因此對朴代理來說，加班是家常便飯；因為無

法在期限內完成的工作而向其他同事請求幫助，也是理所當然的流程。因此，讓我覺得最不舒服、最恐怖的一句話，就是當他靠近我，然後對我說的：「需要幫忙嗎？」本應該要覺得感謝的一句話，卻誤觸了我「憤怒」的情感。

我為何會對這個同事展現的好意感到不自在且痛苦呢？如果用 MBTI 的性向表現來看，這是因為兩個判斷偏好傾向極端，分別屬於「T」思考型與「F」情感型的人相遇了。儘管沒有人是壞人，也沒有人做錯事，卻還是互相因為對方而感到不自在，並且隨著時間過去，演變成了光是處在同一個空間裡體會著不同的感受，也會消耗彼此感情的狀態。就算用 MBTI 去理解、分析，這對我來說，依舊是非常吃力的事。

這是任何人都可能經歷過的日常。性格截然不同的人們為了共同的目標一起工作，真的是件非常困難的事。但是，我們必須記住——**正因為各自的性格相異，所以可以互補。**如果整間辦公室都是像我一樣的人，恐怕會陷入所有人一句話都不說、索然無味的荒涼氛圍；然而若是只有朴代理那樣的人，雖然工作氣氛相當愉快，業務卻難以如期完成。

在你們身邊也有令自己感到不愉快的同事嗎？如果有，那個同事在你心中的形象是怎麼樣的呢？

❶ 不羈	❷ 心軟	❸ 無情	❹ 自我中心
❺ 被動	❻ 神經質	❼ 倔強	❽ 狡猾
❾ 優柔寡斷	❿ 貪婪	⓫ 華而不實	⓬ 不知變通
⓭ 散漫	⓮ 缺乏推動力	⓯ 固執	⓰ 挑剔
⓱ 隨心所欲	⓲ 愚蠢	⓳ 草率	⓴ 嘮叨

　　上述性格特徵是站在負面角度看待時，會得到的單詞。人的個性就像硬幣的兩面，根據觀看的人或狀況，可以看到正面，也可看到反面。結果，一個人的性格特徵會根據看法而有所不同。例如上方表格中的特質，也可以解釋成——

❶ 有熱情	❷ 善支持	❸ 有邏輯	❹ 獨立心強烈
❺ 配合度高	❻ 機智	❼ 明確	❽ 有應變能力
❾ 和諧	❿ 有夢想	⓫ 寬容	⓬ 可靠
⓭ 以身作則	⓮ 從善如流	⓯ 有信念	⓰ 善照顧
⓱ 有變通性	⓲ 有毅力	⓳ 迅速	⓴ 創造

當用略為不同的視線看待同一個樣貌，原先認為是缺點的部分，也可以看成是不同的模樣。例如，身邊如果有「❶不羈」的同事，他應該具有熱情的性格，從另一面看他的人，就會認為他是個「❶有熱情」的人。在我眼中，一直是「❹自我中心」的同事，對其他人來說，看起來可能是個「❹獨立心強烈」，可以專心在自己負責的工作上的人。

硬幣正面	性格特徵	硬幣背面
不羈的 心軟的 被動的	野心勃勃 容易產生共鳴 服從	有熱情的 善支持的 配合度高的

*劉東洙（音譯），2008 年出版，《韓國型指導》（《한국형 코칭》，학지사）

　　在同事的正、背兩面性格中，你正看著哪一面呢？實際上，朴代理對我來說是個公私不分的人，不過其他同事卻覺得他擁有高配合度及親切感。如此「發現自己對一個人的樣貌所做的評價，只是那個人其中一個面貌」的認知，將成為不同性格的人們在同一個空間繼續相處下去的方法。

　　MBTI 這個道具將提供給我們一個放下一切情感，好好看清那些讓我們微妙感到不舒服的關鍵機會。這個機會可以

幫助我們減輕心中對某人的厭惡。所以，MBTI 也賦予了守護人際關係的力量。如果互相了解各自的性格類型，就可以理解對方的領域，因而克制會讓對方感到不適的行動。不僅如此，也可以保護自己，免於被對方隨口說出的話傷害。

透過 MBTI 建立關係的連結

在職場上與同事合作時，我們常因為氣質與行動模式、信念、自身經驗、對於狀況認知的想法不同，而發生衝突。此時，人們通常會用自動浮現的想法，判斷當下的狀況。

舉例來說，李代理一想到金科長就覺得頭痛。平常金科長只想做一些引人注目的事，致力於展開新的工作；於是收拾善後不知不覺間就成了李代理的工作。當然不可能給人好印象的金科長，有一天在會議上的工作分配過程中，居然自願負責工作強度最低的業務。李代理見狀，陷入了思緒之中。

「你看他，不管怎樣都不想工作。」（二分法思維）

「既然已經當上科長了，不是應該做一些有強度的工作嗎？真的跟泥鰍一樣狡猾。」（錯誤的標籤）

「金科長每次都只想要做一些引人注目的工作，渴望被人

認可……所以我才會討厭他。」（過度普遍化）

　　「這次的工作又要變成我的責任了。」（任意推論）

　　像這樣，根據自己的信念、氣質、經驗等推斷對方（事件）後得到的想法，被稱為「**自動化思考**」（Automatic Thoughts）。根據美國心理學家——亞倫‧貝克 (Aaron T. Beck) 所述，這種自動化思考的認知錯誤可細分為：情緒上的推論、普遍化、任意推論、二分法思維、極大極小化、災難化、個人化、選擇性抽象化、錯誤命名、貶低積極因素等十種典型，這也是憂鬱症患者的代表性特徵。

　　折磨我們的常常不是事實本身，而是「相信那是事實的自己」。類似上述的狀況也只是我們自己做出的解釋。越是相信這是真相，在彼此的互動中就會更加敏感，因此可能讓自己被傷得更深。幸運的是，雖然在物理上無法擺脫像金科長那樣，讓自己感到萬分痛苦的同事，不過在心理上，還是有方法可以逃離的。只要迅速了解兩件事，我們就可以從困擾著我們的想法中拯救自己。

　　首先，我們必須知道**自己的想法只不過是「生奶油」**這個事實。在咖啡廳，如果店員幫我們加了很多生奶油，我們

可能會認為它是特別招待而感到高興，但在那樣的狀態下我們又很難看出被那些生奶油覆蓋住的內容物實際上有多少，或者究竟是不是我們所點的飲料。就像這樣，在自己心中如同生奶油般的自動化思考如果越多，李代理就越無法好好看清金科長的本質和事情的真相。因此，我們需要進行將「生奶油」從心中移除的作業。去思考：「我剛才對於對方的想法不是真的，只是如同生奶油的自動化思考。那個人的意圖是未經確認的事實。」

　　第二，**站在對方的立場端詳需求**。站在李代理的立場上，他應該會認為金科長是「開了一個頭之後，把工作的善後工作推給其他人」的那種人，但是金科長的行動目的有可能不是為了在某人面前好好表現，或是展現績效並得到晉升機會──說不定只是因為對啟動新工作的興致和熱情，自動按鈕被按下了而已。像這樣並非依靠自身觀點做出解釋，而是依據對方的需求進行的解釋，就可以稍微減少一些對金科長的厭惡和埋怨情感。

　　「MBTI」可以幫助我們了解這兩個事實。MBTI 可以讓我們了解對方的需求和性格並互相拉近距離，成為人與人之間的接口。這就是將 MBTI 運用在職場生活的有利理由。

此外，我們也可以透過 MBTI 這個客觀的數據，了解他人眼中看到的自己。如果金科長發現自己對新事物的挑戰在他人眼裡，可能被視為「虎頭蛇尾的業務處理方式」，或許這會成為他改變行動的序幕。當然，就算互相了解彼此的性向，那些氣憤、失落的情緒也不會一轉眼就完全蒸發。但是，如果互相了解並體諒，原本覺得「錯誤」、「奇怪」的部分，可能會重新被視為「互補」、「魅力」的樣貌。「在開始事情的人身邊，也需要善後的人。所以你應該知道，我一直都負責收拾善後的工作吧？」如果以互補的關係表現，就可以在組內形成各自的領域和立足之地。如此一來，不只能夠貢獻自身優勢，弱勢的部分也可以藉由夥伴的幫助完成，成為真正的「One Team」。

同時，MBTI 也發現了我們所不知道的自己。那些不論再怎麼研究，還是很難了解的內在要求與動機、氣質被整理成一個個標籤，有助與人輕鬆溝通。「我一直以為自己只是懶惰且常常拖延計畫的人，不過聽說這都是因為我是個完美主義者。」我們可以像這樣，找出所不認識的自己。或是：「金科長覺得我做事好像總是馬馬虎虎。但由於我是 INTP 型，所以總是依照策略工作。因為比砍樹的時間更重要的是磨刀的時間！」像這樣透過深入的 MBTI 解析，可以為我們

創造與「自己都不知道的深層需求」面對面的時間。這樣一來，它不但能夠成為看到自己性格正反兩面的契機，也可以幫你找到自信。

人際關係的起跑架——MBTI

「MBTI 是什麼？」

現在的韓國，在互相了解的過程中，MBTI 已不可或缺。向初次見面的人介紹自己時，提及 MBTI 類型是再自然不過的事。正如同開始跑步前，會踩上起跑架一樣，MBTI 似乎已經成為現今「人際關係的起跑架」。

無論要開始一段什麼樣的關係，配合 MBTI 類型已經成為一種韓國文化。上班族也不例外。我們會在互相詢問對方的類型，看完八字（？）和標準後，選出和自己不太合拍的同事。不僅如此，看到在會議上說起玩笑話、讓人哈哈大笑的同事，心中也會想著：「啊，不愧是執政官（ESFJ）。」看到發揮領導能力，引導大家挑選午餐菜單的同事時，則暗自想著：「不愧是指導者（ENTJ）。」——我們會像這樣將同事

們的活躍表現和 MBTI 相互連結，加以稱讚。這不是只發生在韓國的現象。根據研究結果顯示，全世界每年有兩百五十萬人參加 MBTI 檢測，由此可知，人們在組織中用 MBTI 類型延續對話、預測關係，並調整合作等行為，是非常自然的現象。

二〇一二年，谷歌花費四年的時間，進行了找出最優秀小組共通點的專案[*]，結果顯示，在業績最優秀的小組中，組員們的「**心理安全感**」（為一個組員相信不管對業務提出任何意見，都不會受到處罰或報復的組織環境）占據影響因素上的最高名次。為了提高這種心理安全感，營造出會試著了解他人行動或情感、性向的氣氛相當重要，而 MBTI 可以對此提供幫助。

MBTI 的作用就像是只要用手機一掃描，就能立刻輕易窺探他人難以得知的價值觀、性格、需求等的二維碼。因此，MBTI 也可能成為非常危險的刀刃。想要認識一個人，就算花了很長的時間觀察、相處，也難以看出並定義那個人的價值。本來如此遙遠的距離，MBTI 卻果敢地用一種類型

---

[*] 編註：「亞里斯多德計畫」（Project Aristotle）。

表示：「你是這樣的人。」或者「你在這種時候會這麼行動吧？」讓我們常常用全知視角預測他人，因此也讓許多人害怕公開自己的 MBTI 類型。

然而，好像沒有比 MBTI 類型的四個字母還要更輕鬆、快速介紹自己的方法。連 MBTI 專家們也感到驚訝，MBTI 現在似乎已經超越流行，成為一種文化、一種語言。所以接下來，我們需要正確理解 MBTI，避免因為這四個英文字母而誤會對方。

輕鬆理解自己的 MBTI 測驗

　　這麼有用的性格測驗是如何被開發出來的呢？「MBTI 性格測驗」為「邁爾斯－布里格斯性格分類指標」（Myers-Briggs Type Indicator）的縮寫，是在一九○○年至一九七五年之間開發出來的性格類型測驗。測驗的名稱是根據美國心理學家凱瑟琳・布里格斯（Katharine Briggs）和她的女兒——伊莎貝爾・布里格斯・邁爾斯（Isabel Briggs Myers）的名字命名而來。某一天，女兒伊莎貝爾・布里格斯・邁爾斯從自己帶回家的男朋友身上，看到了與家人截然不同的樣貌，於是以此為契機，展開了一個結合卡爾・古斯塔夫・榮格（Carl Gustav Jung）理論的研究。就這樣完成的 MBTI 於一九九○年六月，由釜山大學的沈慧淑（音譯）教授與西江大學金政澤（音譯）教授引進韓國，如今在韓國國內被廣泛運用於各個領域。

　　MBTI 表現出人格在四個領域中，各兩種極端的偏好度：
① 依據能量方向，可以分成外向型（E）和內向型（I）。
② 按照認知偏好，兩極是實感型（S）和直覺型（N）。
③ 依照判斷偏好，可分成思考型（T）與情感型（F）。
④ 根據行動模式，則有判斷型（J）和感知型（P）。

利用這四種指標的組合，區分出了十六種類型。由上述內容可以整理成下列表格（參考韓國 MBTI 研究所，線上免費檢查與十六種類型名稱相異，下列名稱為韓國國內使用的正式名稱）。

四種偏好指標

E 能量方向 I	ISTJ 誠實 善良的人	ISFJ 國王背後的 權力型	INFJ 預言者型	INTJ 科學家型
S 認知偏好 N	ISTP 百科全書型	ISFP 聖人君子型	INFP 聖女貞德型	INTP 智囊團型
T 判斷偏好 F	ESTP 手腕高超的 活動家型	ESFP 社交的 類型	ENFP 火花型	ENTP 發明家型
J 行動模式 P	ESTJ 企業家型	ESFJ 謀求友好型	ENFJ 辯才無礙型	ENTJ 指導者型

為了探討這個指標，首先請試著確認自己最明顯的特徵，並推測出可能的指標類型吧！請從下面各項兩極的問題中，勾選出自己真正感到舒服的樣貌，而非經常展現在人們面前的形象。由於在職場的樣子和原本的樣子相比，更有可能反映出配合公司的習慣，準確度可能會變得模糊。因此，

希望你能夠好好回想一下，自己在最舒適的環境中表現出來的樣貌。

順帶一提，該檢測是未經驗證的簡易檢測，可能無法得出準確的性格類型。我們熟悉的線上免費測驗也是如此。如果想進行正確的性格類型分析，在韓國需要透過與原著作權所有者——美國 CPP（Consulting Psychologists Press）簽約而在韓國國內擁有著作權和使用資格的 Assesta 正式測驗卷進行診斷。*

為了透過四種指標找出自己的性格類型，請勾選出讓自己感到舒適的狀況或描述。左右兩邊之中，被勾選出最多的一邊，很有可能就是我們的某種性格類型。

---

* 編註：台灣方面，正式測驗請參考官方網站資訊（英語）https:// tw.themyersbriggs.com/。

能量方向：外向（E）& 內向（I）

☐ 因為說話有助思考，所以在會議進行時，一邊思考一邊說話。	**VS.**	☐ 在開始說話之前，會先整理好自己的想法之後，再發表意見。
☐ 更喜歡且更擅長用語言表達意思。	**VS.**	☐ 喜歡且更擅長運用文字表達想法。
☐ 在向對方表達遺憾的時候，會說：「敞開心扉談談吧！」（為了讓自己敞開心扉）	**VS.**	☐ 向對方表達遺憾的時候，會說：「我想過了⋯⋯。」
☐ 為了和對方變親近，敞開自己的心進行對話，並且探索對方。	**VS.**	☐ 為了變得更親近，會先充分探索對方。
☐ 如果感受到壓力，就會努力用正向思考來填補或忘記負面情緒。	**VS.**	☐ 如果感受到壓力，就得度過一段轉換思考或整理思緒的時間。
☐ 因為初次見面，所以更難中斷對話。	**VS.**	☐ 初次見面時，更難尋找對話素材。
☐ 更常因為在可以不說話的情況下，說了很多話而感覺到後悔。	**VS.**	☐ 更常因為在應該說話的情況，沒能說出口而後悔。

*如果左邊被勾選出來的較多，受測者為外向型（E），而右邊被勾選較多的話，則為內向型（I）。

認知偏好：實感（S）VS 直覺（N）

□ 說明的風格：讓聽者彷彿身歷其境般詳細描述。	VS.	□ 說明風格：為了幫助對方理解而用比喻的方式。
□ 專注於當下的業務是什麼。	VS.	□ 預測目前工作的影響力。
□ 傾向想要掌握事情的流程。	VS.	□ 傾向去理解工作的原理。
□ 工作風格是按照業務指南的順序實踐。	VS.	□ 是理解業務原理後才實踐的類型。
□ 是能夠準確掌握說話內容的類型。	VS.	□ 是會去推測話語之中意思的類型。
□ 喜歡逐條詳細描述的話。	VS.	□ 喜歡有意義的含蓄措辭。
□ 會用「這個是……」、「因為……」等解釋幫助對方理解。	VS.	□ 會說「知道這是什麼意思吧？」、「知道那種感覺吧？」來確認對方是否理解。

＊如果左邊被勾選出來的較多，受測者為實感型（S），而右邊被勾選較多的話，則為直覺型（N）。

判斷偏好：情感（F）VS 思考（T）

□ 因為自己更想做、更被吸引的事而行動的類型	VS.	□ 根據工作重要性和必要性履行的類型。
□ 常常說：「你覺得怎麼樣？我沒差。」	VS.	□ 常說：「這樣不對。」
□ 如果不能幫忙需要自己幫助的對象，心裡就會不舒服。	VS.	□ 得到幫助也是一種負擔，所以也希望不要造成損失。
□ 在討論時，如果人們的感情或意見被無視了，會覺得很生氣。	VS.	□ 在討論時，如果對方沒有論點或根據，只是想利用感情呼籲時，會感到很生氣。
□（朋友跟自己借了價值五百～七百元的東西，結果弄丟了。）要就這樣不管有點微妙，所以希望對方可以請吃飯或用等值的東西賠償。	VS.	□（朋友跟自己借了價值五百～七百元的東西，結果弄丟了。）因為不是很大的金額，為此對朋友說重話有點微妙，所以就這樣過去了。
□ 根據委託自己工作的人是誰，對工作的專注度也會有所不同。	VS.	□ 根據進行這件工作的理由不同，專注程度也會不一樣。
□ 向熟人傾訴苦惱時，喜歡像 OK 繃般溫暖的安慰。	VS.	□ 當自己向熟人傾訴苦惱時，希望得到像消毒水般的建議，即使那會讓自己痛苦。

* 如果左邊被勾選出來的較多，受測者為情感型（F），而右邊被勾選較多的話，則為思考型（T）。

行動模式：感知（P）VS 判斷（J）

☐ 會依照狀況發揮。	VS.	☐ 會按照計畫處理事情。
☐ 感到喜悅的時刻是：用自己的爆發力發揮機智，快速解決事情的時候。	VS.	☐ 感到喜悅的時刻是：發生自己預料中的問題，甚至早已準備好解決方案的時候。
☐ 自由的業務環境	VS.	☐ 穩定的工作環境
☐ 為了最佳選擇保留可能性。	VS.	☐ 比起為了選擇而苦惱，更偏好立即做出決定並且去付諸實踐。
☐ 工作風格是即興的。	VS.	☐ 走可預測的業務風格。
☐ 會按照約定時間抵達。	VS.	☐ 會在約定時間之前抵達。
☐ 物品放在容易找到且容易拿到的地方，感覺比較自在。	VS.	☐ 東西原封不動地放在指定位置上，才會感到自在。

* 如果左邊被勾選出來的較多，受測者為感知型（P），而右邊被勾選較多的話，則為判斷型（J）。

對於 MBTI 的誤會與不信任

因為 MBTI 和其他性格測驗相比,與他人的差異容易被極其明確地表現出來,所以常被形容為「像白糖一樣融入日常生活之中」。另外,有很多人對自我報告式的 MBTI 表達不信任。也有人對於被分類在這十六種類型內,感到不自在。這有可能是彷彿用參考書後面附錄的重點摘要,迅速學習 MBTI 的人所產生的偏見。韓國的 MBTI 測驗卷有分為成人專用的「Form M」、「Form Q」,以及專為青少年所設計的「CATi」。Form M 由四個偏好指標組成,將人的性格區分成十六種類型,但是 Form Q 除了十六種類型之外,還有另外二十種多面向標準,所以從測驗結果可以得知受試者在一百多萬人中,是獨特的存在。也就是說,就算同為 ISTJ 類型,但是透過額外的二十種詳細標準,可以看出彼此的不同。除此之外,MBTI 還有尚未在韓國國內使用的敘述型報告式測驗卷。

也有很多人會誤會地說:「我測出外向型卻很怕生。我不是內向型嗎?」事實上,即使是內向型的人,也不會總是只以內向的方式行動。我們只是會在兩極化的指標中,更一貫性地選擇其中一方。這樣的選擇反覆出現,就可以成為一種

MBTI 官方測驗（韓國）

Step 1	Step 2	Step 3	兒童青少年
Form M	Form Q	韓國未引進	CATi
• 九十三道問題 • 四種偏好指標 • 十六種類型 • 透過偏好清晰度指數確認	• 一百四十四項問題（包括 Form M 的問題） • 每個指標有五個標準（共有二十個多面向標準） • 上百萬人中獨特的一個人 • 各類型範圍、偏好內／外、中間範圍	• 兩百二十二個問題 • 敘事句型報告 • 情緒穩定感與滿足性標準	• 五十一個問題 • 十六種類型 • 透過偏好清晰度指數確認 • 文章理解能力為國小三年級至國中三年級

性格模式。卡爾・榮格說：「人的性個就像 N 極與 S 極，無法同時使用兩個異性極，所以我們會更具一貫性地時常選擇其中一極。」綜上所述，就算測驗結果得出「E」外向型，也不表示一定只會展現出外向型的樣子，而是代表我們會更輕易、更經常選擇的樣貌是外向型。所以，與其用「你是 ISTJ 類型，一定很有信心」的表現方式評鑑、判斷、普遍化對方，建議應該意識到「儘管是同一類型，也有可能不一樣」的事實，並以「～的類型」或「～的傾向」等來表現。

你我如同 N 極與 S 極，四種指標的差異

能量方向，外向型（E）↔ 內向型（I）

　　能量方向是人們最容易理解的指標。通常內向型偏好與少數人維持關係；而相反地，外向型則傾向與多數人締結關係，所以常常被誤以為只是單純的外向、內向性格。此處的能量方向指標可以視為區分能量在什麼環境下被滿足的指標。舉例來說，面對「你都是如何緩解壓力的呢？」這個問題，外向型的人有從身邊人給予的安慰和鼓勵中補充能量的傾向；而內向型則表現出藉由睡覺或看電影，一邊清空頭腦或獨自整理想法，來補充能量。然而，隨著年齡和環境的變化，我們有可能會混用或混淆自己的樣貌，因此能量方向指標也是一個會根據環境而變化的指標。

＃語言 vs 文字的便利性

　　比較社群網站使用數值的結果顯示，外向型比起內向型的人，在社群網站上傳貼文的頻率更高（引用弘益大學朗瑞於二〇二〇年發表的論文）。喜歡展現自身想法的外向型，在會議場合上也能展現出他們的存在感。

在會議上平均只需兩秒，就能毫無顧忌地表達想法的外向型，或許會覺得平均猶豫不決了七秒後，才用稍嫌微弱的聲音回答的內向型缺乏自信。這是因為內向型的人在整理好自己的想法前，很難用語言表達出來。相反地，偏好透過語言整理思緒的外向型則會在大家保持沉默的肅穆場合說出：「那個……我認為是這樣。」比起紙張，更傾向用聲音填滿空間。

這種樣貌在寫文章方面正好相反。擅長撰寫文章的內向型覺得用文字表達自己的想法更輕鬆；然而與此相反的是，如果讓外向型的人從原本擅長的語言表達，改成利用文字表達自己的想法，會讓他們感到吃力。

#外向型和內向型的其他表現方式

某天，內向型的人為了討論公事，向外向型的同事提出了邀約。

內向型：「有事情想要跟你一起討論，有空要不要去喝一杯呢？」

外向型：「好啊！要不要今天就去？」

總是給人親切且積極傾聽形象的外向型同事一入座，就開始說起自己的事。就這樣隨著時間過去，到了差不多要分開的時候，同事說：「今天也都是我在說話，下次你一定要多說一點。」然後就這樣結束了這次的約會。兩人都覺得這樣分開很不踏實。內向型的人心想：「你要開口問，我才能回答啊……。」為了沒能說出口的話而感到可惜；外向型的人則會覺得：「我已經說了這麼多我的事了，為什麼你一句話都不說呢？是我話太多了嗎？」因為沒能聽到對方想說的話而覺得惋惜。

　　外向型和內向型有什麼區別呢？外向型的人相信對方會像自己一樣敞開心胸；而內向型的人則期待他人的提問，讓自己可以發言。由此可知，兩種類型的人營造對話氣氛的方法大不相同。不僅如此，外向型的人偏好動員表情、手勢等，積極強調自己的想法。另一方面，內向型則利用低調的敘事方式和謹慎的行動，讓他人集中傾聽自己想說的內容。另外，內向型的人比起外向型的人更加以自己為中心，所以常常使用「我」；外向型則較常使用「我們」。這也是一項顯著的差別。

#在辦公室裡偏好的座位

在辦公室裡選擇自己感覺舒適的座位時，內向型的人大部分會選擇偏僻且可以完全專注在工作上的座位，或是因為不顯眼而能夠與他人保持距離的空間。相反地，外向型的人雖然不會偏好位在入口旁，完全暴露在外的座位，但是有可能因為太過與世隔絕的座位而感到鬱悶。他們通常喜歡在不需要極度專注於業務的時期，可以掌握同事們的狀況，或是想說出「唉，集中注意力太久了」、「現在開始專心工作」之類的自言自語時，也能互相分享的適當距離。

#在家（休息）時的樣貌

在完整的休息空間——家裡，家人正在等著你。外向型的人今天也想和心愛的家人分享日常生活；不過，對內向型來說，不管再怎麼親近的關係，還是希望可以保障專屬自己的空間。有些人曾承認在踏進家門前，會待在自己的車裡獨處一段時間。「家人總是以為我是加完班回家的，其實我常常待在車上吃飯或看電影打發時間。我連在自己的家裡，都能感覺到自己的情感被消耗。」擁有內向型性格的人會像這樣表示需要自己的空間。這項特徵在對話時也很明顯。內向型的人會說：「拜託安靜個十分鐘吧！」與此相反，外向型則

會說：「為什麼不說話？難道我會吃了你嗎？我們聊聊吧！」
不管是面對關係或壓力，都想要透過對話來解決。

外向（E）	內向（I）
「好吧，我們開誠布公談談吧！」	「再考慮一下吧！」
· 主動先接近他人 · 多數喜歡多元的關係 · 先行動再思考 · 喜歡用言語表達	· 等待他人的接近 · 偏好與少數人緊密接觸的關係 · 三思而後行 · 喜歡以文字表達

#為了成功的合作，互相記住對方
外向型→內向型

　　人們常常會說，外向型認為對內向型最大的體貼，就是主動靠近。例如，認為在會議上詢問：「你覺得如何呢？」或是在初次見面的時候公開自己的故事，可以拉近與對方的距離。然而，內向型的人不論是說出自己的想法，或和他人變得親近都需要時間。因此在建立更深厚的關係前，需要一段等待時期。在開會時，內向型的人也必須有一段準備思緒的時間。所以，事前先分享會議主題，然後再開會比較有效率。此外，在會議期間，比起主動說出意見，寫下各自的想

法再進行分享的書面腦力寫作（Brain Writing）式會議可能更加有效率。還有，如果想和內向型的人進行深度對話，詢問他們的想法是有效的。

內向型→外向型

　　內向型的人常有的錯覺是「就算不說也會知道。這種程度，應該知道了吧。」相反地，對外向的人來說，語言是「傳達自己心意大小」的工具，所以有想要的東西時，他們都會毫不猶豫地表現出來。因此，內向型的人惜字如金的矜持模樣，在外向型的人看來，可能會被解釋成不坦率，所以我們不要把想法一點一點累積在心中，應該要及時說出來。需要整理思緒時，應該告訴對方：「我需要多一點思考時間。」讓對方知道自己的狀況。

　　仔細想想，外向型的人就算在思考的期間，不也總是會告知自己的想法，並透過「太過專心了。休息一下吧！」或「嚇！檔案不見了。」等，分享他們的工作狀況嗎？另外，內向型的人和外向型的人比起來，聲音有可能比較小。一個人的聲音大小在職場上，常常被視為對工作的自信與熱情。所以，懂得用有力的聲音充滿自信地表達自己的主張，也是在職場中必備的能力之一。

認知機能，實感型（S）↔直覺型（N）

認知機能與如何接收資訊有關。實感型主要透過親自看到、聽到、觸碰到的等五感（Sensing）進行認知並接收資訊；相反地，直覺型則是以第六感（Intuition）接受一件事的意義。認知偏好也是在四種指標中，可以發現彼此最多差異的指標。如果這項指標不一樣，儘管身處相同的狀況，也會接收到不同的感覺。例如，有個同事好像近距離看到你，可是他卻避開了你的眼神，也沒有向你打招呼。實感型的人會依照自身的經驗，認為：「沒有打招呼耶……難道是沒看到我嗎？」並接受這件事，然而直覺型的人則會心想：「他應該看到我了，難道是假裝不認識我嗎？」以這種方式解釋反映自身感覺的現實。

#認知經驗的方式

假設兩個不同類型的人要進行每日業務報告。面對上司詢問今天做了哪些業務的問題，實感型的同事會從早上九點開始，一一羅列自己做過的事：「早上九點確認 A 業者回覆的郵件，得到肯定的答覆。接著，早上十點為了針對競爭業者進行分析，向 A、B、C 三家客戶企業進行電話訪談，聽到

形形色色的答覆。」他們就像打開了今天的回顧影片，會依照各個時段詳細敘述。

反之，直覺型的同事則會說：「今天我和 A 客戶開會，簽訂了價值一百萬韓元的合約。這是一家年銷售額高達一百億韓元的公司，若把即將和子公司簽訂的合約考慮進去，每年可望為我們公司帶來超過一億韓元的收益。」在自己經歷過的事實上添加意義，並加以說明。

看待事情的角度如此南轅北轍的兩人，感覺就像是磁鐵的 N 極與 S 極一樣。

#接受新業務的態度
高層交代了必須創造新事物的任務，不論是實感型或直覺型的同事都覺得很緊張。對於實感型的人來說，創造新的事物不是件容易的事。要憑空生出一件原本不存在的東西，將為追求事實的實感型帶來不安與緊張。所以，他打開了以前做過的專案企劃，陷入苦惱。對他來說，在現有的框架中，以結合應用幾種元素的方式，來創造出新點子是比較輕鬆的。他會試著改變預算、場地、規模等條件。如此創造出來的點子較沒有漏洞，因為這是盡可能考慮現實狀況所規劃的企劃案。

相反地，對直覺型的人來說，這是挑戰新事物的刺激造成的緊張。心裡想的都是該怎麼做，才能用足以驚艷眾人的創新點子，做出與現有不同的改變，然後設下理想目標，進行挑戰。因為打開了思考的可能性，有時候會出現像白日夢般天馬行空的想法。

　　能夠停止這種思考方式的只有截止期限！如果沒有期限，他的想法就會一個接一個浮現，停不下來。像這樣用多元想法導出的點子，有可能催生出目前沒有的系統，讓眾人眼睛為之一亮。只是，在執行階段可能會被意料之外的危險因素絆倒，甚至劃下失敗的句點。

#熟悉工作的方法

　　直覺型的人在被分配到新的工作內容後，會先將該工作結構化，他們通常會用像在腦中畫出心智圖的方式工作，所以工作內容一目瞭然，適應能力也較好。但是，由於較難認知詳細的內容，容易出現漏洞。相反地，實感型則會像是在撰寫說明書一樣，牢牢捕捉工作過程中每一個瞬間，因此需要較長的適應期。不過，這樣一來，連細節都能徹底掌握，所以能夠降低風險。

＃互不相同的敘述方式

在名為「拜託吧，冰箱！」的綜藝節目中，有一集由防彈少年團（BTS）的 Jin 和智旻擔任嘉賓，他們要描述一道奶油濃湯的滋味。直覺型的 Jin 說：「好像有一座牧場出現在我眼前，甚至還聽到牛『哞～』地叫了一聲。」將味道抽象地、象徵性地表現出來。與其相反，實感型的智旻則說：「濃湯散發出一股香濃的牛奶味，這應該是我至今喝過的濃湯裡最美味的。」將味覺的感受與自己的經驗進行比較，並詳細描述。直覺型和實感型的敘述方式就像這樣，有著南轅北轍的差別。

欣賞具代表性作家的作品時，更容易理解這樣的差異。例如，實感型的代表作家 ── 歐內斯特・海明威（Ernest Hemingway）在作品《老人與海》（*The Old Man and the Sea*）中，有一段描述老人遇到藍槍魚的內容，生動且詳細地描述那是一隻「長約五公尺半，重達七百公斤的藍槍魚」。反觀在直覺型的代表作家 ── 安東尼・聖修伯里（Antoine de Saint-Exupéry）的《小王子》（*Le Petit Prince*）中有這麼一段內容：「當你在夜晚抬頭看著星空，因為我住在其中一顆星球上，因為我在那顆星球上對著你笑，對你而言，就像整個星空都為你而笑一樣。」因為文字中包含了其他意義，所以可

能很難一下子就理解。

在職場生活中，也常常能夠發現實感型與直覺型就算看到了相同的狀況，也會以不同的方式敘述的案例。在描述銷售量提高的報告書上，實感型的人會如實提出：「銷售量提高了 150% 呢！」如此敏感地反映出數值。與此相反，直覺型的人則會說：「在艱困的大環境下，依舊可以提高銷售量，由此可知，我們公司是系統化的組織。」將重點放在解析報告書內蘊含的意義。從這兩個例子，我們可以了解兩種類型間的差異。

實感（S）	直覺（N）
「所以現在狀況如何？」	「根據整體的發展， 萬一之後變成這樣……」
· 容易感知到細節 · 偏好實際的資訊 · 喜歡具體的經驗 · 按部就班工作 · 追求事實，想像力較差 · 重視現實	· 擅長感知整體脈絡 · 偏好可以獲得靈感的資訊 · 喜歡概括的概念 · 隨時可能跳過順序，天馬行空 · 追求意義且較不切實際、善變 · 重視未來

#為了成功的合作，互相記住對方

實感型→直覺型

　　你是否偶爾怪罪過自己無法理解直覺型的說明呢？其實應該不是透過說明，而是要利用概要來理解直覺型想表達的意思，應該說是「猜測」比較正確。在一連串讓人摸不著頭緒的話結束之前，加上的那句「你應該知道那種感覺吧？」聽起來就像是在強迫他人理解，似乎所言理所當然。在這種狀況下，雖然很想要對他說：「不知道你在說什麼耶？」但是如此一來，兩人可能會陷入沉悶的平行關係。不過只要身為擅長詳細描述的實感型，在此時說：「我理解到這裡。你說的是～的意思吧？」將對方說的話稍作整理，就可以發展成互補關係。

　　相反地，對於實感型過於詳細的說明，直覺型的人說不定會覺得很沉悶。心裡想著：「所以到底想說什麼？重點是什麼？」並等待著結論，不過又很可能在途中便陷入了其他思緒。此時，如果使用概括式的方法說明，可以讓直覺型更快速掌握內容。

直覺型→實感型

　　當無法向實感型的人準確表達意思時，你是否曾經怪罪

自己敘述能力不足？實感型可能很難完全理解你將深刻的思緒簡單扼要說明的方式。

> 直覺型：「上週去拜訪的那個 A 客戶……是不是有點不太
>   親切？有點沒禮貌吧！」
> 實感型：「哪個部份？」
> 直覺型：「表情木訥，說明的時候好像也聽得心不在焉，
>   而且我們連一杯茶也沒喝到就回來了。」
> 實感型：「最後有問我們要不要喝，可是我們不是覺得不
>   好意思，所以拒絕了嗎？」

如同上述例子，與比起對話內容重點，似乎更關心真偽的實感型交談時，可能會覺得鬱悶。相反地，對於認為要以「正確的資訊」為基礎的實感型來說，模稜兩可的話讓他們難以產生共鳴。為了順利和實感型的人溝通，需要準備關於經驗的描述、範例、根據等。為了讓你說出的話增添重量，建議使用「因為」、「例如」等連接詞。

判斷偏好，思考型（T）↔ 情感型（F）

人做出的決定，自然會反映出自己認為優先的價值。此

時受到影響的判斷偏好可分成「認為對錯重要」的思考型，
還有「重視情感喜好」的情感型。以下是判斷偏好相異的夫
婦經常發生爭執的場面。

情感型的妻子將社區鄰居的離婚內幕告訴思考型的丈
夫。妻子對似乎沒在聽的丈夫說：「你有在聽嗎？」丈夫卻回
答說：「妳為什麼要說這個？」妻子本想要分享與自己相同的
情感，卻因為丈夫詢問目的的枯燥回應而無話可說。

思考型和情感型的人常常像這樣彼此抱著不同的期待。
這點也同樣反映在職場上。例如，讓放著現有的合作業者不
管，正在討論與新合作廠商簽約的兩人分別做出提問。理性
的思考型同事會以「這是正確的判斷吧？」詢問此舉是否為
公正且有根據的判斷；而講究關係的情感型同事腦海中，突
然浮現出目前合作業者老闆的臉，於是問道：「一定要這麼做
嗎？」展現出保留判斷並感到心痛的樣子。

#開始會議時，大相逕庭的氣氛

時隔許久和組員們進行會議的時候，情感型由於過了一
段整天只面對電腦的日子，為終於可以看到同事的臉而感到
高興，因此想要用瑣碎的話題，營造輕鬆的會議氣氛。與此
相反，為了準時下班而拚命衝刺，總是以任務為重的思考

型，則考慮到會議時間而踩下煞車。畢竟是抽出寶貴時間來參加會議，他們希望會議的內容具有業務上的意義。因此情感型想要營造輕鬆氣氛的努力，會讓他們覺得是在閒聊。

在思考型的人之中，行動模式為判斷型（J）者，會因為擔心自己的計畫出現差池，而打斷情感型的人主導的對話，直接進入正題。相反地，情感型的人看到思考型的人做出這樣的行為，就會想起枯燥的沙漠。

#因意見不同而發生矛盾時

判斷偏好不同的人之間，因為選擇的標準不同，偶爾會發生衝突。此時，因為各自的敘述方式有異，也會引發關係上的矛盾。每當聽到只有思考型的人們聚集的會議室所洩漏出來的聲音，都會讓人以為裡面的人是不是在吵架。思考型的同事們在遇到不同的想法時，往往會努力想要貫徹自己的想法。這樣一來，彼此的音量就會越來越高。這段爭論對思考型的人來說，只是一個「過程」，但是情感型的人可能會認為是「事件」。

反之，情感型的人在對方與自己意見不同時，會努力想要理解對方的意見。因此，如果是對自己而言不算非常重要的事，他們比較不會刻意引起摩擦。在面對自己覺得重要的

事情時，他們則會表達自己的意見，如說：「啊～金專家的話我完全有同感。但是 A 的〇〇部分好像比較好。」由於是以如此迂迴的方式表達，對方有可能察覺不出來。

思考型的人在對方的意見與自己不同時，會想要準確地描述。直接說出：「我的看法不一樣，B 因為〇〇部分應該比較適合。」所以偶爾也會讓情感型的人覺得遺憾。在會議結束後，雖然思考型的人會像是什麼事都沒發生過一樣，提出午餐邀約，不過心情不好的情感型可能會藉口已經有約，小心翼翼地避開和思考型的人共進午餐的場合。

#判斷標準：理性 V.S. 價值

在下判斷時，我們可能因為各不相同的優先順位，而做出不一樣的決定。不管是和自己再怎麼親近的同事，只要對方的請託不適當，思考型的人都會慎重地拒絕。因為他們將優先順序放在事情的「對錯」。

與此相反地，情感型的先後順序則反映出了他們的「好惡」。無論是多麼勉強的請求，他們都難以拒絕遭遇困難，或自己有好感的人。因此看到情感型的人平常無法拒絕他人，甚至把自己的事情拋在腦後，認真幫助他人的樣子，思考型的人可能會向情感型追問道：「為什麼如此不切實際？」

實際上，思考型的人之中，具有 ET（外向思考型）偏好的人也常常有做不好工作，或不擅長工作的傾向。另外，EF（外向情感型）偏好的人，想要得到他人認可的欲望則十分強烈。

#向對方傳達意思的目的

同事改變了髮型。但是，看起來不如以前的髮型時，各位會做出什麼反應？

> 思考型：「妳剪成短髮了耶～是因為春天到了才剪的啊！（以前的髮型比較適合……）」
>
> 情感型：「（找出優點）妳剪成短髮了耶～看起來更有味道了。（是和男朋友分手了嗎？）」

絕對無法空口說白話的思考型不會說違心之論。在這種狀況下，總覺得應該要稱讚幾句，不過這麼一來，又怕對方可能會堅持不適合的髮型。反之，情感型的人則好奇對方剪成短髮的心境，並想盡辦法找出優點，將對方捧上天。這是因為情感型的人往往比較能夠理解剪短頭髮的當事人是什麼心情。

於是想要幫助對方的思考型，以及想要理解對方心情的情感型，有了上述包含兩者心意的對話方向。

思考（T）	情感（F）
「這是正確的（最佳的）判斷嗎？」	「一定要做到這個地步嗎？」
·冷靜行動並保持距離 ·看起來很像無情的人 ·喜歡辯論和討論 ·馬上接近核心 ·排除情感的公正、果斷語氣	·溫柔友好地行動 ·反應敏感 ·躲避辯論和討論 ·從閒聊開始 ·常常使用包含「價值」的單詞

#為了成功的合作，互相記住對方

思考型→情感型

在工作時間與情感型的人進行的對話，有時會讓人覺得是在閒聊。請記住，對此時的情感型的人而言，所謂的對話不只是單純的給予情報，而是把心都給了對方。情感型對關係反應敏感。而且他們還認為維持一段關係也是一件公事。因為他們知道，如果和同事不合，業務成果就會大打折扣。對情感型的人而言，關係也是工作的一部分。因此，在對話

的時候，要和情感型的人四目相對，並用混入笑意的聲音溫柔地對他們說話。否則，雖然思考型很可能看不太出來，不過他們會開始不動聲色地避免與你交談。

情感型→思考型

對話時帶著明顯目的性的思考型，從他們口中說出的枯燥話語可能會讓情感型的人受到傷害。這些人為什麼要把話說得那麼刺耳呢？

某位情感型專家因為和組長間的關係感到吃力，而向思考型專家訴苦。此時，思考型專家就會彷彿化身成評鑑師，開始評判過失並指責道：「雖然上司也有錯，但是情感型專家也不該做那種事啊！」在情感型專家的傷口上撒鹽。聽到這句話，情感型專家不禁開始懷疑思考型專家是不是討厭自己，甚至受到了二次傷害。

然而，其實思考型專家的話就像是一種「消毒藥」。對思考型的人來說，傾聽自己毫不關心的人說的話，本身就是一種浪費時間的行為，所以根本連聽都不會聽。而他們之所以會說出這種刺耳的話，都是為了得到一個好結果。思考型專家此言的目的只有一個——和組長好好相處，不要再過得那麼吃力。

所以，不要因為他們的話而感到受傷，而是要聽出他們真正的心意。

行動模式，感知型（P）↔判斷型（J）

當喜歡吃肉的妻子遇上身為素食主義者的丈夫，在生活上將會遇到諸多不便。同樣的，如果和長時間相處的同事在行動模式上不合，作業可能遭遇不便。

自律且具靈活性的感知型與帶著明確目的性且按照計畫行事的判斷型，在行動模式上展現出了明顯差異。這種差異可以在事情沒有按照計畫執行時，透過這兩種類型的人分別做出的反應察覺到不同。感知型的人會說：「這也是有可能的。」試圖理解不如意的情況，圓融地接受事實。相反地，判斷型的人認為自己在執行時沒有發生錯誤，於是會說：「不可能會這樣啊……。」想要否認眼前不如己意的狀況。

看似慵懶的感知型可能會讓人覺得鬱悶，而過於想要掌控的判斷型卻會令人感到窒息。當兩個類型大不相同的人一起工作，說不定會因為無法理解對方的行動而感受到壓力。

＃開始工作的時間點

下週前就要完成的博覽會準備工作，從撰寫企劃書開

始，到徵求參加者、預定場所……，都要一一費心準備。此時，判斷型的人因為知道如果要一口氣處理這麼多工作，一定會出紕漏，於是提前開始準備，甚至在最後還要再檢查一次才能放心。他們會平均分配每天應做的工作，制定每日計畫表。每當完成一天的計畫，都會感覺到成就感和喜悅。

相反地，感知型的人似乎在發現隱藏於自己身上的超人之力時，會感到高興。距離博覽會還有七天，他們知道在這一百六十八小時中，用來處理這項工作的時間總之不會超過十八小時。因此對他們而言，這項工作雖然重要，卻不急迫。由於不急迫的工作做起來不是很順手，所以感知型的人選擇用一百五十個小時享受悠閒的時光。就這樣到了活動前一天，他們才突然打起精神，發揮超人般的專注力，在十小時內完成了所有的工作。不過，我們能夠在各處看到大大小小的漏洞。

#感覺到喜悅的瞬間

判斷型的人會在自己的計畫完美結束時感受到喜悅；與之相反，對新事物感興趣的感知型，在開始新工作的瞬間，就能感受到悸動。

工作的過程中，目標指向的判斷型在遇到意料之外的問

題時，總是擔心會影響結果而感到不安。為了「得到好結果」這一目標而衝刺的模樣，看起來就像賽馬一樣。因為像這樣在推動工作的過程中，控制住風險要素並依照計畫實踐，可能得到好的結果也是理所當然的。

相反地，過程指向的感知型的人，想要一一感受每個階段帶來的幸福感。解決突如其來的問題而變得更深厚的同事愛、經歷施行錯誤而成長的自己等，這些都是和結果一樣重要、有意義的小插曲。因此，為了享受每個瞬間，多少會耽誤結果的產出。不過，他對工作的滿足感較高。

#一個「截止」，各自表述

判斷型的組長向感知型的員工委託道：「幫我整理一下 A 客戶的數據。」此時，感知型的員工爽快地回答道：「是，我知道了。」然而，過了一個小時，還沒看到結果。感到鬱悶的組長向員工詢問道：「整理好了嗎？」員工聞言便回應說：「您馬上就要嗎？我現在正在撰寫原定今天要交給您的 B 客戶報告書。」這讓組長感到無比驚慌。雖然兩人都未曾提及具體的時間，但是員工說出的「Yes」，對組長來說便是「現在立刻」的意思。然而，員工其實只是表達自己會去執行，並未表示「現在」就會執行。

像這樣總是悠悠哉哉的感知型比起完成更注重執行，所以他們總是認為只要在截止期限內搞定即可。然而，累積了一堆未讀的訊息或電子郵件，對判斷型的人來說，簡直就像芒刺在背。處理工作時，光是想像堆積如山的工作，也會對他們造成壓力。所以，就算距離截止期限還有一段時間，判斷型的人也會盡快把工作處理完，以便對下一個任務預作準備。由此可見，兩種類型的人對開始的時間和結束的時間點各有不同的定義。

#做決定的時間點

　　延後「決定」的話，事情也會跟著被拖延。「決定」左右了實踐能力，所以急性子的判斷型期待能進行快速的決定。在下面例子中，考慮聚餐場所的感知型組長就讓判斷型員工感到非常焦急。

　　組長說：「生魚片店、烤肉店，哪一個比較好呢？生魚片店應該不錯，不過還是再考慮一下吧！」聽到這麼模稜兩可的決定，員工開始覺得焦慮。因為在考慮的期間，生魚片店的預約名額有可能會被約滿。然而，感知型的組長比起快速做出決定，更想要做出最好的決定。因此，組長盡量延後做出決定，直到前一天才急忙決定要去生魚片店。甚至，還會

在聚餐當天突然說：「不行。我沒考慮到不喝酒的人，所以還是去烤肉店吧！」推翻了先前好不容易做出的決定。

　　判斷型的員工因為組長意外的反悔，感到難以忍受的怒火。因為聽說今天不會去烤肉店，所以他穿了比較好的衣服來上班。雖然對感知型的組長來說，可能只是打一通電話就能解決的簡單問題，但是組長優柔寡斷的樣子卻讓判斷型員工不禁直搖頭。

判斷（J）	感知（P）
「要做嗎？還是算了？」	「再等一下吧！」
· 偏好明確的順序與構造 · 迅速做出決定 · 目標指向 · 積極配合截止日期與計畫 · 希望準確遵守時間 ·「不可能會這樣啊⋯⋯！」	· 偏好自然的走向 · 拖延決定 · 過程指向 · 在最後一刻來臨的瞬間才收尾 · 對於時間的變更有彈性 ·「這也是有可能的。」

＃為了成功的合作，互相記住對方

感知型→判斷型

　　感知型的你，現在可以看到正在身後等待著工作結果的

判斷型同事嗎？如果立刻開始工作的判斷型，看到業務出現了差錯，說不定會導致雙方關係疏遠。然而就算如此，讓感知型的人立刻進行工作，也只是一件沒有效率的事。你們可能會將如果專心處理，只要一個小時就能解決的工作，抓在手上長達五個小時。

因此為了互相提高工作的生產力，便需要感知型同事的積極表現。如果感知型的人可以事先告知自己什麼時候會開始處理工作，或許就能減少互相看臉色的狀況。萬一截止期限可能需要延後，事先告知並請求諒解，也是一個好方法。更重要的是，把目標設定在比既定期限更早完成，將會是最好的替代方案。

判斷型→感知型

判斷型的人可能會因為感知型的人總是要等到期限近在眼前了，才急忙開始工作而感到不安。所以和他們共事時，經常會對感知型的同事說：「這個完成了嗎？」不斷進行確認與監視，造成催促他們工作的狀況。因為判斷型認為這麼做，能讓感知型的同事更順利完成工作。

然而，判斷型的人需要記住的是，感知型的人在自由的氣氛下，更能發揮強大的能力。對他們而言，規律與控制會

阻礙創造力，並降低工作的生產性。不過，若是想要消除自己的不安，為感知型同事設定一個早於自己預期的期限，確保可以擁有再次修改的時間，不失為一個好方法。

CATEGORY 1.

策略企劃組

ISTJ. ENFP. ISTP . ENFJ

| 小組特徵 |

策略企劃組是負責經營團隊的輔佐業務、會議體系經營，以及管理經營業績、損益等工作的小組，也是公司的核心部門。這個小組的成員特性是能夠細心處理業務。因為時常要和經營團隊進行溝通，必須具備卓越的溝通能力。

| 小組成員介紹 |

ISTJ
金慎重組長

　　策略企劃組之所以認真工作，有 70% 都是多虧了組長。他在開會前或決定聚餐餐廳的時候，甚至在影印時都很認真。因此，他偶爾犯下的錯誤，更讓人覺得他充滿人情味。另外，金慎重組長的升職秘訣就是「扎實的臀部之力」。在辦公室裡，除了午餐時間，他很少離開座位。被稱為「上班通知」的他，不管什麼日子，總是在上班時間前三十分鐘就坐在座位上。因此他更加難以容忍準點上班和遲到的人。他雖然可以容忍組員工作處理不好，卻無法忍受他們表現不誠實。

＊ 特徵：不太喜歡大家常玩的「用爬梯子遊戲打賭零食」，因為這有可能不太公平。

ENFP
吳羅拉專家

　　人真的很好。小道消息的網絡堪稱公營電視台等級，所以公司裡發生的大小事他都知道，同時也非常關心公司的趨勢與發展方向，以及在公司裡工作的員工。因為喜歡與人合作，吳羅拉專家的身邊總是能聽見笑聲。帶著開朗表情與肯定語氣溝通的他，不管在哪裡都很耀眼。

　　另一方面，當他的心情陷入低氣壓時，整個辦公室彷彿也變成了陰雨天。由於情感和表達能力豐富，有時候感覺就像是百花盛開的春日，偶爾也看起來像是連綿不斷的梅雨季裡，因為濕氣而不再挺拔的大衣。他今天的心情如何，連上班時會遇到的保全人員也可以一眼看穿。

＊ 特徵：邀約很多，所以如果想要和他一起吃午餐，需要在一個月前就提出邀請。

ISTP
李實用專家

　　可以很快判斷問題並加以處理。平時雖然存在感不高，但是在發生危機時，可以發揮傑出的臨機應變能力。他能夠敏銳地看待問題，並策略性地加以應對。或許是因為這樣的能力，他不太會受公司氣氛動搖，總默默做好自己該做的工作。因此，如果有人干涉他的工作，或是對其展現強烈的興趣，他會感到非常不自在。由於他也很擅長操作機械裝備，所以也兼任公司裡的工程師，負責維修故障的機器。

＊ 特徵：可能會慎重拒絕他人詢問「週末做了什麼」之類的過度
　　關心。被別人注意會讓他備感負擔。

ENFJ
趙關懷專家

　　非常能言善道。因此，每當舉行公司內部活動時，通常都會由他擔任主持人。其中，他最擅長的是稱讚別人。即便是很難找出優點的同事，他也非得找出可以稱讚之處，再將對方捧上天不可。所以，人們都誤會他的稱讚是假的，不過其實他是真心的，只不過表現稍微誇張了一點。

　　他身上有著可以和人們迅速混熟的特質。而且，他很難丟下工作量超過負荷的同事不管。他認為就算自己再怎麼忙，互相幫忙並一起解決，才算是一個小組。然而，他可能會稍微有點嘮叨。

＊ 特徵：當別人問他想吃什麼的時候，就算有真的很想吃的東西，也會自然說出：「你想要吃什麼呢？」關懷是他的預設值。

| 小組的日常生活 |

　　某天，為了準備老闆與各組的懇談會，策略企劃組的金慎重（ISTJ）組長、吳羅拉（ENFP）專家、李實用（ISTP）專家、趙關懷（ENFJ）專家聚在會議室裡。

吳羅拉專家：（打破沉默！）昨天你們在○○節目上，看到趙寅成了嗎？真的好帥喔！

趙關懷專家：（雖然沒看，但是覺得應該要附和一下）趙寅成好像都不會老耶！

金慎重組長：（馬上進入主題）我們組要主辦下個月和老闆的懇談會，必須了解一下地點、懇談會方式、會議主持人等。

趙關懷專家：（或許是聽了組長的話後有了想法）這次要不要試試看新的方式？

吳羅拉專家：（附和著說）不是一如既往的方式，而是其他有趣的風格嗎？應該很有意思！

李實用專家：（看不下去而提出現實的問題）這次預算大概有多少呢？

金慎重組長：沒有限制。（詳細且有條不紊地敘述本人已經在腦海中規劃好的構想）地點就挑選可以容納十五人左右，安靜且可以飲食，並能夠進行報告的地方即可。這件事希望能由趙關懷專家來負

責。而這邊另外有件事，要交由李實用專家進行……（中略）接下來討論詳細的日程計畫……（中略）那麼，暫時先以這個分工去進行，這週五再開一次會討論吧！

李實用專家：（只會說自己工作上必要的話！做事講求效率！）那麼時間只剩下三天了。之前負責這個活動的人是誰？請提供一些參考資料。

金慎重組長：請之前負責的人分享一下資料。各自準備好負責的內容，下次開會時再繼續討論。那麼，會議到此結束。

| 有效率的合作方法 |

給 IST－型的建議

　　ENF－型的人就算是天天見面的辦公室同事，如果很久沒有整個小組聚在一起討論事情，他們偏好互相詢問近況的自然展開。因為他們在互相鼓勵、稱讚的氣氛下，可以釋放出更多的創意。如果沒有明確定義會議的目的是為了創意激盪，還是推動業務，他們的點子就會像聚寶盆一樣，源源不絕冒出來。所以，先明確定義好會議的主題再開始開會吧！他們提出的創意有時候是無法實現的理想，或是缺乏根據且難以理解的想法，不過卻都是不可忽視的重要案件。身為現實主義的 IST－型人，在聽取 ENF－型人的意見時，如果能夠選出可以反映的部分並加以實踐，就能讓成果極大化。

給 ENF－型的建議

　　IST－型偏好符合主題的重點溝通。因此，在會議之前進行的寒暄在他們聽起來，就像是無意義的閒聊。需要區分出自由對話的時間、工作時間等分別進行。你們的想法對 IST－型的人來說，可能會分不清何者是開玩笑，又何者是真心的。另外，雖然已盡了最大努力表達了自己的意見，不過因為跳躍式的說明，想要說服他們可能還不夠。如果能加上得到想法的過程和案例等進行說明，便更能讓他們接受。

　　如果有什麼想要求的部分，比起「希望可以一起找找看

這個」這種模稜兩可的要求，更需要以像是「希望○○可以幫我打聽這些」這樣明確的意思轉達。因為他們不是不想幫忙，而是不確定那是不是請求。

ISTJ

工作一絲不苟的
金慎重組長

ISTJ 的工作特徵

「按照公司規定執行吧！」

要對自己說出的話負責！

　　ISTJ 類型只會說自己想說的話，不必要的話就不會多費唇舌，所以整體來說是比較安靜的類型。雖然一般都會認為：「不是因為是內向型才會這樣嗎？」不過 ISTJ 類型的沉默寡言和慎重與「只相信確切結果」的需求相遇之後，將會變得極大化。

　　然而與此相反地，他們偶爾也會有嘮叨的瞬間。例如在簡報自己充分的知識的時候──交接與報告書相關事項時，可能連護貝的方法也一併傳授。ISTJ 類型的人可能會向接受交接的同事詳細說明：「需先將護貝機預熱兩分鐘後，把護貝紙放在中間進行護貝。」因為他們認為只有這麼做，才能一口氣把工作處理好，而不會出現失誤。

　　多虧如此，向 ISTJ 類型的前輩學習業務的後輩才得以輕鬆處理工作。不過，一次傳達太多資訊，可能讓接收資訊的人日後再次詢問：「當時您說了什麼？」

#希望下輩子不要再給我「責任感」這種才能

有時候 ISTJ 會對自己過分負責任的樣子感到厭倦。他們即使對被分配的工作感到不滿，但在完成之前還是會帶著相當的責任感去面對。對其他類型的人而言，責任感通常代表著對工作的欲望，但是對於 ISTJ 類型的人來說，在他們不想看到自己負責的工作被別人當成把柄抓住的時候，會發揮更強烈的責任感。

誤會了這點的上司們總是讓 ISTJ 去做困難的工作和重要的工作，因為最終結果通常會達到平均水準以上。不過，因為其一板一眼的個性而導致很難在期限內完成工作的時候，他也會理直氣壯地說：「這好像有點困難。」這點可能會給組長帶來傷害。然而他很清楚，即使做不到，還是先答應下來的人，反而可能對組織造成更大的損失。由於認為一旦下定決心要做，就得要一口氣搞定，所以他反而很難下定決心。這種**責任感**和**使命感**容易成為負擔。

#請告訴我在哪個部分不會察言觀色

ISTJ 類型的人在**解讀他人感情上非常遲鈍**。不過，若是將這句話當面告訴 ISTJ 類型的人，他們會反駁說：「沒有這回事吧？」並且流露出不快的心情。這種反應是不是就像被

戳中了痛處？

　　表達感謝或稱讚、示愛等，都會讓他們覺得好像全身都冒出雞皮疙瘩。他們聽到上司的稱讚時，會在心裡想著：「他是想要提出什麼樣的回饋意見才先說這種話？」懷疑上司稱讚自己的意圖。ISTJ 較不會因為他人的稱讚而雀躍，也不會因為別人的回饋意見而深深受到傷害，所以有時候會被別人批評為不懂察言觀色的人。

　　假設現在正要建立研討會計畫。當眾人都說著：「一定很有趣！要去哪裡呢？」興奮地你一言我一語談論著的時候，突然被 ISTJ 用「預算有多少？」、「老闆會批准嗎？」之類太過現實的問題潑了一頭冷水，結果原先柔和的氣氛也冷卻了下來。而且，ISTJ 還可能接著說：「我有說錯嗎？老實說，沒有錯吧？」

　　由於不只是對別人的情感，在讀懂自己的情感上也比較遲鈍，所以 ISTJ 對自己很嚴格。其他類型或許可以為了不想工作，找出各種理由，像是「因春意而躁動」、「因為天氣寒冷，手被凍僵了」等等。然而，ISTJ 類型的人並不會像這樣因為情感而輕易動搖。

適合 ISTJ 的工作環境

可預期的工作

　　在嘗試新事物的時候，不管是誰都會覺得害怕。然而，這份恐懼的性質，在每個類型身上都有些不同。例如，ISFJ類型的人會因為擔心發生意外或失誤而感到害怕；但是 ISTJ類型則是擔心新業務的結果和現有的相比，完成度不夠高。所以，他們偏好有現成執行模式、已具有完整體系的業務，以及就算不夠滿意，也仍繼續與現有客戶交易的業務。

一次做一件事

　　假設現在發生了這種狀況──坐在隔壁的裴學習專家把電話筒夾在肩頸之間，一邊講電話，一邊將同事要求的資料用電子郵件寄出。但是，郵件上只寫了內容，真正應該寄過去的檔案卻忘了附上。他很羨慕可以同時處理多項工作的全能選手，但內心卻又不禁浮現擔憂。

　　這種類型的人似乎缺乏一次處理多項工作的基因。如果那麼做，一定會發生意外。不只是無法在列印文件的時候，順便回覆郵件；或是在裝訂會議資料時，一邊和客戶通話，如此同時進行兩種工作，而且萬一那麼做了，一定會出現失

誤。所以在負責多項工作時，就算需要加班，也必須在**完成一項工作之後，再進行另一項**。

比起突然襲來的大量業務，這個類型的人更喜歡可以持續維持一定程度忙碌的工作量。萬一負責了在業務上需要同時考慮並解決多種項目的工作時，和其他類型的人比起來，ISTJ 會承受更多壓力。

#按照計畫執行

即使週末要去飯店度假，為了安心休息，也需要一張行程表。ISTJ 必須要有「躺到什麼時候，然後就要去做哪件事」的計畫，之後才能毫無顧慮地休息。一個人下班後，如果和朋友有約，一見面就必須確定好分開的時間，才能放心地玩。「我們要玩到幾點？那麼，應該可以續到第二攤。第一攤在這裡吃，第二攤要不要去那裡？」因為只有像這樣事先說好，他們才能一直安心玩到最後。

那麼，在工作上又會怎麼樣呢？在處理工作的過程中，如果客戶方的負責人打電話過來要求提供資料，他們會瞬間爆出粗糙的嗓音——因為發生了違背計畫的狀況。ISTJ 的人會先說：「什麼時候要給你？可以把目前手上的工作做完再給你嗎？」請求對方諒解。儘管只要投入大約十五分鐘，就能

立刻把資料寄出，他們也要把自己正專心處理的工作先結束，才能集中注意力到下一項工作上。

另一方面，看到自己的工作因為突如其來的委託而發生動搖，也會讓這類型的人感到不舒服。就算自己計畫的時間、業務量在職場生活中，常常像這樣發生一些插曲，他們仍舊難以適應。

#比起樹立事業計畫，更重要的是 To do list

在尋找聚餐場所的時候，ISTJ 會用心考慮參加人員、位置、氣氛、口味、過敏原等條件，再進行預約。對於這樣的人們來說，光是衡量事業計畫應該考慮多少細節，就讓人覺得頭痛。ISTJ 類型的人最缺乏的功能是直覺（N），所以需要預測未來或宏觀觀點的工作，對他們而言較為吃力。雖然會給相反類型（ENFP 類型）帶來新的緊張和悸動，不過對於身為 ISTJ 類型的本人來說，預測並設計出尚未被證明的事物實在太困難了。因此，要 ISTJ 類型的人在毫無防備的狀態下參與會議並提出新的想法；或是要以「胡言亂語盛宴」拉開序幕，進行腦力寫作，他們會覺得沒有自信，也很難投入其中。

#私人事務只有生日祝賀

　　如果只是幫同事過生日，對工作不會造成影響，那還沒問題。但不管在組織裡多麼親近的同事，ISTJ 還是希望可以**維持一定的界線**。因為如果建立起超越工作互動的關係，可能會動搖業務標準或降低效率。

　　比起可以稱呼對方為哥哥、姊姊的親密關係，或是時常以「做得好！做得好！」鼓勵成員的組織文化，對工作指示與反饋明確，並由此衍生出成果獎勵的職場，顯然是更適合 ISTJ 類型的人工作的環境。

ISTJ 的工作優點與推薦職業

－可以整理好具體內容、事實、細節，並準確說明。

－可以不斷完美地達成已具備成熟系統的工作。

－追求現實，在處理報告、收尾、數據整理等當下的工作上發揮能力。

－雖然有堅決的一面，但是前後一致且說話坦率，所以在合作時可獲得信任。

－在發生摩擦的狀況下，能以明確的根據為基礎，且能夠有條不紊地說明，讓對方難以反駁。

－將業務交接給他人時非常仔細，讓對方可以順利處理工作。

－非常坦率、正直地完成工作，甚至被人稱為「沒有法律也可以活下去的人」、「行走的六法全書」。

* 推薦職業：會計監查與財務管理、保險承保審查員、資產管理師、公共企業、行政公務員、統計處理、軍官、鑑定評價師、專案管理者、出入境審查、圖書管理員等。

案例：與不同類型發生矛盾的瞬間

　　吳羅拉（ENFP）專家正在向金慎重（ISTJ）組長進行業務報告。

吳羅拉專家：組長，這是要向老闆報告的第三季業績報告。雖然你沒有說要做，不過我覺得可能會需要，所以先整理了一下。

金慎重組長：（這項工作本來就是你負責的，就算我不說你還是該做吧……）好，我來看一下。

吳羅拉專家：（我都做到這種程度了，你連一句稱讚都不對我說嗎？你應該有看到我昨天加班寫這個啊……）啊！還有，組長，關於上一季上市的產品，業績出現明顯的上升，所以我在報告書上特別強調了這一點，並且重新分析了未來預測數據。我覺得這麼做，營業組應該也會很高興。

金慎重組長：嗯。但是這裡為什麼還是去年的數據呢？

吳羅拉專家：啊！我忘了改日期。

金慎重組長：（二十分鐘後）吳羅拉專家！你可以過來一下嗎？我看不懂你剛才給我的數據報告。太複雜了！老闆可能也會覺得難以理解，所以還是按照原本的方式寫吧！

#（ENFP）吳羅拉專家的想法

完成新任務的時候，他可以至少對我說一句：「果然有懂得看向未來的眼光！你不惜加班也要嘗試新方法的樣子，很令人欣慰。」只是說句話而已，又不用花錢。而且，不去看報告的本質，只會挑出錯字等瑣碎的把柄，這樣的人能夠綜觀全局嗎？跟其他組相比，我們這組的業績似乎已經落後，所以我才抱著想要展現業務革新的想法，刻意加班寫了報告書，卻沒有得到認可，真是有夠鬱悶。

#（ISTJ）金慎重組長的想法

擁有嘗試新事物的熱情固然很好，但是吳羅拉專家做事總是完成度不足。他似乎有因為太集中於新的企劃，反而忽略了基本事項的傾向。為了寫新的報告書而忙，卻似乎沒有完成本週為止應該準備的工作。他好像無法分辨工作的優先順序，這點很令人遺憾。

#矛盾的解決方法

吳羅拉專家的嘗試雖然不錯，但結果卻反而給金慎重組長添了麻煩，甚至導致工作的延誤。再加上，因為專注在創新部分，疏忽了基本的業務，沒能掌握作業核心，所以讓組

長覺得更加遺憾。

然而，吳羅拉專家展望未來的眼光，以及對新事物的嘗試，顯然都是值得注意的部分。雖然可能會被認為是個連基本的事情都做不好，只注重於取得成果的人，但是吳專家挑戰新事物的精神、創意性等能力對組長來說都是非常必要的力量。而且，在鼓勵挑戰新事物的氣氛下，吳專家的能力更可以充分被發揮。

當然，金組長就算再怎麼努力，也很難說出讓吳專家滿意的稱讚。ISTJ 的你，如果覺得「稱讚」很難的話，先從「**認可**」開始如何呢？光是「吳專家怎麼會想出這種做法？」或「吳專家想到了新的點子呢！」之類的認可，就可以讓吳專家的優勢發揮到最大化了。

陷入低潮！喚醒 ISTJ 的方法

#趙教練的 Message

不管做什麼事都拚盡全力的你！總是像個忠實奔跑的領跑者一樣的你！一路上的努力雖然不引人注目，不過到了最後，大家都會知道。人們所說的職業選手和業餘選手的差距，就在於「**始終如一的實力**」。

當有人藉由耀眼的創意和革命性的挑戰取得成果時，你可能會嘆氣道：「我也很努力啊！那麼，我的努力算什麼？」可以肯定的是，華麗的火花後面，總會伴隨著巨大的黑暗，但是淡淡的月光不會穿越那個空間，而是給人一種會陪伴到最後的穩定感。這和真正的專家形象很相像。每個人在極端情況下都可能會發揮出超人般的力量。但是在日常生活中，誰都難以維持勤奮不懈的態度。

勤奮和誠實固然不錯，但是正如同「就算早起，也可能吃不到食物」一樣，有的時候為了抓住機會，需要果斷地挑戰和選擇。如果現在很難進行果斷挑戰和選擇，試著先找出自己可以做好的業務如何？挑戰新的課題或上司的期待反而會造成負擔。希望你可以負責自己可以熟練地處理的工作，先積累成功經驗。

「像我這麼厲害的人，還有什麼做不到呢？」好好看著自己驗證過並得到證明的模樣，培養自信心吧！**你是一個比自己所知道的，還要有能力的人。**

ENFP

活潑開朗的正向魅力
吳羅拉專家

ENFP 的工作特徵

「嶄新且有意義的工作！在哪裡可以遇到呢？」

#在公司，我是獨一無二的人氣王

如果與 ENFP 類型的人在一起，旁人容易感受到高昂的情緒。**性格爽朗**的他們，就算坐在角落，也散發強烈的存在感。他們不僅充滿能量、有活力，甚至還擁有懂得照顧人的溫暖。有些人在出完差回來的路上，會幫同事甚至他們的家人買麵包。像這樣連他人沒有想到的部分也顧及到的貼心，偶爾卻會為對方帶來負擔。

這種多管閒事在眾人的聚會上也常會被發揮出來。ENFP 的人認為自己認識的朋友都是好人，所以常希望他們可以彼此認識。因此，即使沒有人提出要求，他也會邀請熟人聚在一起，互相介紹他們認識。這種關係指向的面貌在辦公室裡也能看得到。

沒有人比得上可以綜合掌握直觀和事實消息的 ENFP 類型人們的情報網。他們甚至還能在腦海中描繪、整理出同事們微妙的權力關係圖。像這樣傾注心血建立起來的緣分如果被切斷，對他們來說是非常令人心痛的，所以 ENFP 傾向長

久維持關係。也因此，他們一到週末就要忙著準備參加各種婚喪喜慶。

#開始總是讓人心跳加速

ENFP 擁有各種關心的事情，甚至被稱為「**興趣富翁**」。在工作上，比起深入鑽研一個項目，ENFP 類型的人更相信各種工作都涉獵一點，轉眼間就會懂得越多、越深。有些人甚至因為對多種領域感興趣，而選擇身兼多種職業。貨運司機、部落客、影音創作者、隨筆作家、上班族、婚禮主持人等，都可能成為一個 ENFP 類型的人同時從事的職業。

在各種領域展現才華的他們，可謂是娛樂人。然而，如果持續進行新的挑戰，已經開了個頭的事情不知不覺就會堆積如山，這樣一來，就算是身為全能型的 ENFP 也會感到吃力。儘管他們還是會因為挑戰新的事物感到悸動，但是這份悸動如果持續下去，最終就需要去看醫生了。因此，對於沒能完成的工作，他們常常會向身邊的同事尋求幫助。提出這樣的請求對他們來說並不難。因為以他們的標準來說，這是有助於自己成長的事，而且其他人也會和他們一樣，覺得這是有意義的事。

#我的感情在和我說話

難以隱藏情感的他們會展現出**戲劇性的表現力**。他們總會用「哇～太讚了！這真的是最棒的！」、「太好了！」等各種語句表達自己的情感，甚至會發揮出讓身邊的人也心情愉悅的影響力。然而，他們在面對悲傷的情感時，也使用同樣戲劇化的表達方式。由於平時一直保持高亢的狀態，所以當他們心情憂鬱，身邊的人可能很快就會率先察覺。心情好的時候，光從走路的步伐中，都能感覺出他們充滿興致；但若是心情沮喪，從下垂無力的肩膀也一樣能感覺得出來。因此，他們的心情也會左右著辦公室的溫度。

情感如此敏感的 ENFP，對他人的心情也會做出敏感的反應。例如，看到上司對著自己嘆氣的瞬間，擔憂就會像滾雪球般在他心中越滾越大：「為什麼要嘆氣？難道是不滿意我上午交給他的報告書？」這會讓他們無心工作，甚至將工作整個拋諸腦後。因此，與自己的情感進行協調，對他們來說是重要的課題。如果可以正確掌握對方的情感，就能根據同事的心情和當下狀況做出應對，並製造出令人感動的回應。

#比任何人都更快看出大局！

光是被委託新任務，就能讓他們心情激動。比起對於新

事物的恐懼，新任務將帶來的學習和成長機會，對他們來說更有價值。多虧如此，他們擁有很快適應新工作的能力。

例如，引進新技術而需要熟悉業務指南時，其他員工可能會一步一步適應業務，然而 ENFP 類型的人則在看過大框架後，就能立即投入工作，展現**卓越的適應能力和推動能力**。在身邊的人眼中，這類型的人沒有做不到的事，也沒有不曾做過的事，看起來是一群多才多藝的人。不過，如果能不向他們詢問深入問題，對彼此都有好處。

#不懂為什麼人們總是會為了小事找碴

在企劃活動的階段，建立整體規劃和藍圖時，ENFP 可以發揮卓越的能力。但是，在詳細的菜單選定、貴賓座位安排等需要預測意外因素時，他可能就比較不擅長。對於 ENFP 類型的人來說，最棘手的是檢查細節和反覆進行相同的步驟。這種類型的劣勢功能是實感（S），所以對仔細查看現實條件沒有興趣。因此，在他們身邊有什麼類型的人就相當重要。如果對工作有責任感並具備完成能力的同事能夠幫他們彌補失誤，雖然當下可能會出現矛盾，但是會讓彼此的能力都表現得更加耀眼。

適合 ENFP 的工作環境

#新上加新的業務

美國哈佛大學的《不可思議研究年報》（Annals of Improbable Research）每年會頒發「搞笑諾貝爾獎」（Ig Nobel Prize）。這個獎項以諾貝爾獎（Nobel Prize）的反義詞為名，以日常中的好奇心為基礎，頒發給看起來古怪，卻閃閃發光的研究人員或開發人員。因為無論新事物是否出人意料，都有其存在的價值。

在會議上進行熱烈討論的時候，大多具有**出人意料**和**活潑魅力**特質的 ENFP 型人，常會天外飛來一筆地發言，例如：「你有聽過我們其實是外星人的說法嗎？」所以有時候會因為走得太前面而得不到人們的共鳴，反而成為笑柄。但是那些念頭如果能夠好好修飾，就會像搞笑諾貝爾獎一樣，成為非常有價值的想法。

相反地，對 ENFP 來說，最困難的就是接受相同的業務並一直做下去。不僅無聊，他們在處理時還有可能粗心大意。比較好的做法是，即使每次都負責一樣的工作，也添加新的元素或以不同的方法執行，來讓自己感受到活力。

#一點都不會累的挑戰加速器

只要有 1% 的成功可能性，即使盲目也要嘗試一下。因為 ENFP 類型的人認為就算失敗，也多少能得到一些收穫。因此，他們會抱著不論失敗或成功，如果不去嘗試，將得不到任何結果的想法去進行挑戰。

就算在客戶的競爭陳述中被對手比下去，結果把簽約的機會輸給競爭對手。ENFP 也會認為：雖然輸了，卻藉此機會知道競爭公司的特色和王牌，於是便笑著拋開了失敗的陰霾。這個類型的人似乎已經掌握了該如何摔倒的方法。然而對他們來說，失敗的經驗一樣非常痛苦，有時候他們也會遭遇無法擺脫的挫折感。但是在考慮到所有條件後，ENFP 會再次選擇挑戰，因為他們知道那些都會成為自己新的經驗。因此，他們今天也依然會為了成長，在職場上選擇計畫新項目等，做些「**毫無顧忌的挑戰**」。

#工作就是要大家一起做！全體集合！

每當看到 ENFP 類型的人好心情的樣子，就會聽到四周傳來笑聲。他們是創造愉快組織文化的**氣氛製造者**，甚至常常聽到其他人對他們說：「託你的福，我在公司笑了很多次。」另外，比起分配好角色後，各自進入工作洞穴，ENFP

類型的人更相信大家一起工作會比較愉快，並且產生協同效應（Synergy）。因此，會認為比起各自坐在自己的桌前辦公，整個團隊聚在會議室裡，一起分享煩惱的環境更能發揮加乘作用。另外，為了提高團隊合作，還會帶動互相稱讚並鼓勵對方優點的氣氛。反之，在充滿競爭和個人主義氛圍的組織裡，ENFP 可能連工作都不願意或變得畏畏縮縮，導致效率下降。

#幫助他人成長就是我的快樂

ENFP 類型的領袖會認真考慮「成長」的層面，再分配工作。他們會激勵組員：「我希望你可以透過這次的工作成長。」因為未來指向的 ENFP 類型不僅會考慮自己，還會煩惱同事能不能透過工作進步。因此，他們會推薦有助於同事成長的書籍，還會展開新的工作，並鼓勵同事參與。

#無限熱情家

ENFP 對新的事物感興趣，甚至懷疑自己是否對刺激上癮。這種熱情不可能只滿足於公司生活，下班後也充滿了新的興趣和挑戰。

在公司內部同好會聚會上挑戰學習或身體形象照等，像

這樣的「不斷挑戰」能成為他們的動力。反過來說，在公司和家之間來回的規律工作只為他們帶來無聊的感覺，而不是穩定。因此，建議 ENFP 就算在同一家公司上班，也要選擇從事**可以接觸新業務的職務**──活動企劃、廣告撰稿人、創作者等業務。

ENFP 的工作優點與推薦職業

－在組織內營造充滿活力的氣氛。

－擁有找出人才可能性並加以開發的能力。

－改良新想法，透過與人們的對話將業務具體化。

－善於發現對方的優點，並透過積極回饋給予鼓勵。

－比起仔細檢查細節，更擅長描繪看不見的藍圖。

－為了讓公司裡的其他人高興，會忍受自己的獻身。

＊推薦職業：藝術家、營養師、銷售人員、顧問、廣告撰稿
　人、創作者、作家、藝人、宣傳行銷企劃等

案例：與不同類型發生矛盾的瞬間

　　吳羅拉（ENFP）專家和趙關懷（ENFJ）專家正在計畫員工研討會。

趙關懷專家：今年的主題就決定是「療癒」了，怎麼樣？

吳羅拉專家：哦～太好了。希望可以多進行小組活動。來做一些像是拍攝 Instagram 連續短片之類的短影音活動，怎麼樣？這樣一來，應該也可以成為團隊之間的回憶。

趙關懷專家：哦，還不錯耶？吳羅拉專家果然很有創意。

吳羅拉專家：我很喜歡和趙關懷專家一起工作。我覺得我們太談得來了。

趙關懷專家：沒錯。那麼，我們要不要向各部門發送公文聯絡一下，收集大家的行程狀況呢？我會負責聯絡各部門，在那之前，你可以寫一下公文嗎？

吳羅拉專家：全部都由我來做也可以，真是太感謝你了。我來寫一下公文。

（隔天）

趙關懷專家：公文如果寫好了，我現在就來聯絡吧？

吳羅拉專家：啊！因為我現在有急事要處理……如果你不介意，可以告訴我要寫進公文裡的重點嗎？

#（ENFJ）趙關懷專家的想法

只要和吳羅拉專家待在同一個空間裡，心情就會變好。和他一起工作，總是感覺很愉快。只是，也伴隨著不安。因為他總是同時做太多的事，所以也要擔心他會不會忘記了說好的工作。即使是可以馬上處理的簡單業務，但因為優先順序被往後推，結果直接忘記做的情況，也不是第一次發生了。最後分配給吳羅拉專家的工作，又變成了自己的事。因此，和吳羅拉專家一起執行業務時，總是要中途檢查。

#（ENFP）吳羅拉專家的想法

一起工作時，因為很談得來，分享想法的時候也能形成共鳴，所以感覺很好。雖然偶爾會因為意見相左而難以決定，但是很快又會被趙關懷專家拉回來，所以和他一起工作感覺很踏實。但是，他在工作的時候展現的急躁個性對自己來說多少帶來一些壓力。總是問被：「好了嗎？」感覺也好可怕。明明就是不用那麼著急的業務。

#矛盾的解決方法

和吳羅拉專家（ENFP）一起工作，有些同事會感到不安。之所以總是來檢查工作是否做完，是因為這些同事們心

急如焚。難道是能力不夠嗎？其實，或許是吳羅拉專家已經負責了超過負荷的工作。

其他人可能會同時進行一、兩項作業，但吳羅拉專家則是同時執行三、四項任務的類型。因此，吳羅拉專家很難完全專注在工作上，而且進度可能會很緩慢。看到這種狀況，會讓同事們對於和吳羅拉專家合作感到不安。

因此，在合作時，要提前表明自己的計畫，並公開預計截止時間。考慮到例外情況，計畫應該先安排到 80% 左右。如果難以依照行程消化工作，則需要提前告知狀況，給對方準備對策的時間。對吳羅拉專家來說，可能只是瑣碎的工作量和時間，不過在對方看來，這可能是件大事。

陷入低潮！喚醒 ENFP 的方法

#趙教練的 Message

吸走世上所有興致的你！不要忘記，你的光芒照亮了身邊的人。但是，光芒越閃耀，影子就越黑。你的感情上升曲線也是下降曲線的反證。所以，與其總是擔心別人會怎麼看你，而假裝不知道自己的感情，希望你可以成為**懂得尋找自己幸福**的人。

你的幸福在哪裡？你的不安是從哪裡產生的？需求又是什麼？請了解自己，並養成明智表達的習慣。因為單憑自己的心情，很難說服對方。另外，既然有新刺激帶來的快樂，就也有熟悉帶來的舒適。不管什麼事情，一次成功的案例總是很少見。只有不斷地失敗和挑戰才能產生令人印象深刻的結果，所以請決定一個**不斷挑戰**的領域。另外，如果身邊有一直按照自己的節奏默默工作的同事，請在他身上尋找值得學習的地方。透過那位同事，你可以學到不斷努力的方法。

ISTP

不論在何處都能適應的實用主義
李實用專家

ISTP 的工作特徵

「就算會動搖，也不會被折斷。」

#一定要說出來嗎？

人們常用**「沉默寡言」**、**「穩重」**等形容 ISTP 類型的人。對他們來說，對話的意義比起建立關係的「談笑」，更多的是以「要事」為目的而進行。省下越多不必要的雜言，那句話就越有力量。就像平常沉默寡言的同事突然說了一句話，自然而然會讓人想去傾聽一樣，當他們一說：「不熱嗎？」好像就要馬上打開空調，那些話語聽起來很有影響力。

相反地，他們很少將沒有核心、不重要的話聽進去。在討論同事的約會故事和自己不感興趣的電視劇情節等自身不大關心的事時，可以發現他們集中力下降的樣子。

然而，他們在自己感興趣的領域裡，會整個投入其中，不知道時間是怎麼消逝的。因此，要想和沉默寡言的人變得親近，最好不要問他們：「為什麼不說話？」而是要用他們所關心的事物當成主題進行對話。

#最重要的是效率

ISTP 類型的人認為最重要的價值是**效率**。他們擁有追求透過相同的努力，取得最佳成果的特性，但是這個特性發揮的時機，是在最後期限逼近的時候。那時，他們體內的另一個自己將會發揮超人般的力量。

他們擅長的工作是掌握緊急危機並迅速處理問題，這個特性和獵豹很像。獵豹是哺乳動物中跑得最快的動物，但是牠們的速度很難長久維持。因此，牠們會安靜等待時機，再一口氣包圍獵物。ISTP 類型的人也擅長像獵豹一樣抓住機會，及時展現成果。因為這個原因，與他們付出的努力相比，看起來輕易得到上司認可的樣子，可能會讓身邊的人嫉妒他們。

#我是冷血動物嗎？

有時可以感受到 ISTP 類型的人散發**高傲或冷漠的氣質**。因為他們連愛情也是在必要的時候才會凝聚，所以就算被他們不在乎的人這般誤會，他們也不會覺得委屈。

如果在下班後，收到一起小酌一杯的邀約，他們或許會找盡各種藉口脫身。被拒絕的外向型（E）同事可能會誤會，心想：「難道是不想和我變得親近嗎？」

對於個性上較獨立的 ISTP 來說，他人的「關心」可能會變成「干涉」。他們自己也不太關心對方的事，這都是為了維護個人領域和權利。例如：明知道同事的文件印錯了方向，ISTP 類型的人也只是直接忽略。他們的理由是，如果同事知道包括個資的文件被人看到，可能會覺得傷心；更重要的是，他們認為特意去告訴對方這件事本身很麻煩。

#請不要壓迫我

因為性格沉著且敏銳，所以 ISTP 類型的人會被誤會是有計畫地遵守規則。然而他們其實不是因為階級，而是在**自律**的氣氛下發揮出自己的優勢，所以如果向他們下達詳細的指導，或是要求他們每件事情都要進行報告，反而會讓他們很難發揮力量。這種類型的領袖雖然嚴謹，卻也被認為是水平式組織裡的放牧型領導。這種領導能力在相信自己成為主體時，將得以自主發揮。

#有沒有瘋狂想做的事情呢？

如果有人問 ISTP 類型的人：「這輩子是否有瘋狂熱衷做過的事？」他們可能會不知道該如何回答。看到 ENFJ 類型的人投入各種新事物的樣子，雖然覺得那樣很魯莽，但另一

方面卻又感到羨慕。

　　在真實的就業諮詢過程中，曾有個 ISTP 類型的學生說：「我想找一份能讓自己竭盡全力的工作，可是我不太清楚具體會是哪一種職業。從小到大，我幾乎不曾有過『有趣、心動到瘋狂』的經驗，所以很難找到真正有興趣的工作。」另外，身邊的人對他們的評價，也常常都是「聰明，卻看不到拚命的一面」，並且在從工作成果上，也能感受到空白之美。雖然李奧納多・達文西（Leonardo da Vinci）曾說過：「Simple is the best.」（簡單最好）但是對於習慣從密密麻麻的分量和多元內容中感受到誠意的同事和上司而言，這比較像是輕微的苦惱，所以需要多加注意。

適合 ISTP 的工作環境

#如果碰到機器，都不知道時間是怎麼過去的

很多人從小就喜歡畫畫或拆解玩具，所以長大後也擅長修理機器或操作工具。

#擅長將非組織的東西組織化

如果是沒有手藝的 ISTP，便**善於將非組織化的事實組織化**。儘管和 ISTJ 類型有三個指標相同，但兩者的優勢卻不太一樣。

ISTJ 類型的人在處理業務時，如果詳細的指南、行程、預算等沒有完全準備好，心裡就會覺得很不舒服或不自在。但與此同時，ISTP 類型的人便會開始尋找在目前情況下，自己所能夠做的事情。例如，他們可能會提出：「先用最低限度的預算推動業務，如果之後追加預算被批准，屆時再一個個補上。」

ISTP 在還沒有組織的荒蕪狀態下，也能找出符合現實的對策，將業務組織化。這是因為他們擁有根據情況靈活、敏捷應對並整理的能力。

任何危機就交給問題終結者

在非常重要的會議當天，突然發現預訂好的餐廳居然訂錯了分店。到了現場才知道的組員們全都不知所措。這時，ISTP 類型的人便開始發揮他們特有的機智——如果無法團體用餐，就多找幾家餐廳，以自由選擇的方式，讓大家各自挑選想吃的餐廳，藉此解決危機。

因為不會一不小心就被飄忽不定的情感動搖，他們可以冷靜掌握眼前的情況。在急迫的情況下，如果需要可以快速解決狀況的**問題終結者**，這將成為 ISTP 類型的人展示能力的絕佳機會。

適合待在大企業這種穩定的職場

人們有時候會懷疑這個員工到底有沒有來上班。他總默默地完成自己的工作，因為沉默寡言，就算消失了也沒有人察覺。

ISTP 類型的人相信帶著「細水長流」的信念，只要不引起重大議題或問題，總有一天就能得到認可。對於理性且以任務為中心的 ISTP 來說，如果人際關係和工作糾纏在一起，會把事情搞砸。更準確地來說，在光是工作就已經足夠複雜的職場生活上，如果還要注意人際關係，這對他們來說可比

什麼都還要麻煩。其中很多人還認為與同事之間的緊密關係也會成為負擔，於是選擇保持適當距離。他們認為如果就這樣順利地長年待在一家公司，總有一天會迎來成為企業領導者的機會。

#能維持工作與生活平衡的工作環境

　　找工作時打聽到的十家公司中，有八家可能會被 ISTP 類型的人淘汰。原因是福利不太好或工作環境惡劣、時常加班、太看重職等、使用年假須看同事或主管臉色等，這些對他們來說都是淘汰的原因。其中，太過看重職等或時常加班的公司，便已經充分可以成為他們淘汰的理由。因為對於 ISTP 類型的人來說，成長、職業生涯固然可貴，但是**工作和生活的平衡**卻更加重要。

ISTP 的工作優點與推薦職業

－雖然很安靜，但是該說的話卻很直接。
－觀察力強的人很容易看透情況，所以 ISTP 類型的人很擅長在絕佳的時機達成目的。
－因為不喜歡浪費時間，常用有效率的方式處理事情。
－能夠獨立解決各種情況下衍生的問題。
－在發生問題的情況下進行理性判斷，並提出明智的想法。
－在打破部門界限，並配合需求建立小規模組織執行業務的組織文化中，可以好好發揮能力。
－喜歡自由獨立工作，但是偏好能夠對成果給予明確回饋和獎勵的環境。

＊推薦職業：消防員、放射線師、會計、統計、售後服務技師、維修師、研究員、技術專家、銀行行員等。

案例：與不同類型發生矛盾的瞬間

李實用（ISTP）專家正在和吳羅拉（ENFP）專家規劃為了減少碳排放的員工社會回饋活動專案。

吳羅拉專家： 午餐吃了什麼啊？你去過這次新開的紫菜包飯店了嗎？因為太好吃了，我就跟老闆說要幫忙宣傳，結果老闆送了我一份魚餅……（滔滔不絕）

李實用專家： 哦？看來改天要去光顧一下了。所以我們現在只要設計讓同事們選擇的志願服務選項就可以了吧？哪些比較適合呢？

吳羅拉專家： 啊！對了。就像冰桶挑戰一樣，用接力的形式，上傳能展現自己減少碳排放的意志的影片，怎麼樣？

李實用專家： 如果被指定的人對於拍攝影片上傳這種事感到有負擔怎麼辦？從現實角度來看，可以持續實現的可能性很低。

吳羅拉專家： 是嗎？的確有可能會那樣，不過如果營造出氣氛，應該就會擴散到全公司了吧？誰知道呢？這個活動不是已經風靡全韓國了嗎？

李實用專家： 老實說，抱著真心參加以公司名義進行的志願服務的人有多少呢？要不要想一些可以馬上實現的活動？我覺得撿垃圾或製作環保肥皂之類的會更實際。

#（ENFP）吳羅拉專家的想法

如果會議要進行得這麼沒有人情味，乾脆用通訊軟體不是更好嗎？我認為在輕鬆的氣氛中，可以自由地生出創意，並找到最佳方案。意見只是意見而已，可是他卻用「太過理想」、「難以實現」等說辭，試圖打消我的念頭。

而且，李實用專家的大腦中似乎存在專挑不麻煩且容易執行的選項來執行的電路。環境改善是需要持續實踐的，可是他似乎卻想藉由一次性的活動，將這件事速戰速決。這樣的態度令人感到遺憾。雖然我們意見可能不同，但是在交換意見的過程中，受傷的一方似乎始終是我。

#（ISTP）李實用專家的想法

開會的時候最好專心開會。因為是各自從寶貴的工作時間裡抽出空檔，所以希望能有效討論。而且，會議室也不是閒聊的空間。同時，我希望提出的建議是可以實現的方案。

當然，偶爾也需要理想的想法，但是我認為，這不是單靠經營者的熱情就能解決的問題，所以應該先從實際的方案出發，再漸漸擴大。所以有時候會覺得和吳羅拉專家開會的時間很可惜。因為相對需要花費很長的時間，而且也浪費太多時間聽他說那些冗長的故事。

#矛盾的解決方法

吳羅拉專家和李實用專家因為優先考慮的觀點不同而發生矛盾。李實用專家為吳羅拉專家想要的「理想」「超乎現實」而感到不舒服。還沒來得及縮小這種觀點帶來的鴻溝，就因為情感的耗損而浪費了能量。ISTP 類型的劣勢功能是在透過情感（F）來察覺對方的情緒上非常遲鈍。因此，吳羅拉專家對可以斬釘截鐵說不的李實用專家感到羨慕又不自在。

當互不相同的類型相遇時，守護彼此的情感起伏尤為重要，因為稍有不慎就會對對方產生成見。說話不傷感情的方法很簡單，就是不要說批評對方意見的話。例如，以「意見○○的部分要考慮現實」代替「你太過理想了」、「你的意見太悲觀了」另外，比起用「你的意見太過前衛了吧？」這樣內含批評的意見，改成「你的○○行為讓我很驚訝。」就可以省下因為情感耗損而浪費的能量

陷入低潮！喚醒 ISTP 的方法

#趙教練的 Message

　　擁有能夠明智解決任何問題的爆發力的你！在任何地方都能發揮問題終結者的作用，但是你的問題誰來幫你解決呢？這種時候，不要光是憋在心裡，**和別人對話看看吧**！也許你能抓住在自己左右為難，猶豫不決時錯過的機會。

　　在你的人生旅程中，可能還不習慣明確做出選擇或決定。這或許是因為比起迫切的渴望並全力奔跑取得成果；在放鬆、冷靜面對問題時取得的成果更常令你感到滿意。在你的人生中，那是更正確的選擇。**不要羨慕或比較別人取得的成果**。因為人生是一場持久戰，現在的「自己」並不代表最終的結果。

　　不過，還是要仔細觀察四周，尋找一起前進的夥伴。雖然一個人踏上旅途，會比較快抵達目的地，但是有人陪著，就能走得更遠；與身邊的同事合作可能會拖延完成工作的速度，但卻可以讓結果更加完美。試著找出一個喜歡設立長期目標，或是可以好好照顧你的人吧！那個人將會成為你的堅強後盾。

ENFJ

關懷他人的和平主義者
趙關懷專家

ENFJ 的工作特徵

「我覺得你可能會需要，所以提前準備好了。」

＃ 聽了我的話後，人們都很樂意站在我這邊

ENFJ 類型的人不愧是所謂的口才熟練型。在十六種類型中，他們不僅**能言善道**，而且說出來的話還能成為他人最強大的力量。擅長說話也代表他們精通於動搖對方的心。他們擁有只要一開口，就會讓人莫名被他們說服的魅力。雖然他們自己可能感覺不到，不過他們的話語中，卻有著只有協商專家才知道的說服要領。

首先，為了方便理解，他們會用比喻的方式進行說明。例如：「那家競爭公司贏過我們，成功簽訂合約，等於是想要用通用汽車飆出時速兩百二十公里。」因為可以讓對方在腦海中瞬間勾勒出畫面，所以理解起來就變得容易多了。不僅如此，他們還會考慮對方的動機和需求來進行對話。他們不會說：「我們公司的立場是這樣……。」而是說：「在這筆交易中，你會得到○○的好處。」如此提到可能得到的好處，讓對方站在自己這邊。

ENFJ 似乎從性格上就掌握了**雙贏的談判戰略**。因此，平

時也經常有人會稱讚他們具備領導能力。

#我真的什麼都喜歡，你喜歡什麼？

ENFJ 類型的人在上班的時候，會看到同事們的頭上浮現生物節律和感情波動。即使不想在意，但是他們從末梢神經就能感知到，很難裝作視而不見。因為**寬廣的關懷**，他們總是費心顧及他人的反應，但是到了要發表自己的意見時，卻沒能說出口。

他們經常展現與同事互助合作的樣貌，甚至有人曾為了幫助同事，反而錯過自己的作業截止期限而蒙受損失。或許他們現在依舊在努力幫助他人。所以，他們也被身邊的人叫做「綜合諮詢所」。綜合諮詢所門庭若市的秘訣在於充分的共鳴並投入感情，以此帶給對方很大的安慰。因此，雖然他們屬於外向型，不過總是會聽見他們說：「在與他人見面時偶爾會消耗能量，所以我也搞不清楚自己算不算是內向型。」ENFJ 類型的人有時會像內向型一樣獨立，或者透過獨處的時間來補充能量。

#值得尊敬的人太多了

一聽到成功企業家們的勵志故事，心中就激動不已。

ENFJ 類型的能力之一就是與各個行業的各種從業人員見面，在他們身上尋找值得學習的地方。

真的是因為那些人身上有很多值得學習的地方嗎？對於其他類型的人來說，聽起來平凡的故事，對 ENFJ 類型的人來說，卻是一則則成功之談。甚至周圍平凡的人只要和他們在一起，就會變成具有很多優勢的特別之人。因此，如果他們覺得一起工作的同事很優秀，會毫不藏私地告訴身邊的人。

人們都在懷疑我的真心

ENFJ 類型的人說出的話中，充滿了「想要試試看」、「應該很有趣」、「好帥」、「想要學習」等鼓勵或稱讚、感嘆詞。不熟悉他們這種面貌的人，也會懷疑他們到底有多少真心。

曾經有位 A 組長正在對 ENFJ 類型的員工針對業務進行斥責，並指出危險的可能性，結果他仍舊用正向的語氣回答說：「啊！組長的觀察力太棒了。為什麼我看不到這些危險因素呢？今天我也從組長身上學到了很多。」這個瞬間，一個不小心就會被 A 組長誤會成一個虛偽的人。

但是，他們的真心可能高達 80% 以上。當然，其中 20% 可能是浮報的，不過因為對他們來說**人與人的關係比較重要**，所以這也是沒有一絲惡意的回答。

為了人際關係甘願蒙受損失，卻在事後後悔

假使有一天，ENFJ 類型的人被上司稱讚：「你很有工作頭腦耶！」他們在回家的路上、和熟人通話時，會炫耀自己得到稱讚的事，甚至在洗澡的時候，也會不禁露出笑容。對他們來說，**稱讚是能成為生活和工作動力的重要事物**。因此，在人際關係上，相互作用非常重要。

有時候也會因為人際關係，而蒙受了「自身業務反而被延後」等損失。因為無法拒絕對方的要求，所以手上常常有堆積如山的工作。雖然 NF 類型的人看待人際關係似乎都超越了渴望，而是將其當成義務，但是 ENFJ 類型的人，會感到最強烈的壓迫感。

適合 ENFJ 的工作環境

#有自信用話語來吸引你的心

因為口才極佳,在任何職場上,都能表現出存在感,而他們更重要的能力在於**擅長傾聽與共鳴**。再加上工作能力相當卓越,在公司裡很可能是屬於受到肯定的人才。相反地,在研究、物流、統計等與人相互作用不多的職業中,可能會因為找不到人講話而難以忍受。他們在任何業務上都能主導與人們的協調,並且從改善想法、一起解決的過程中感到滿足。若能像這樣發揮自己在合作時,便可創造出優秀結果的才能,就可以得到更好的結果。

#夢想職場會出現在某個角落

在工作上,擁有被稱為「完整指向主義」的傾向。

在 ESTJ 類型的人心目中,根據成果給予令人滿意的物質補償(包括福利)是決定職場滿意度的重要指標。對 INFP 類型的人來說,職場需要具有成長的可能性;ESFJ 類型則認為,與同事間的良好關係最為重要。

ENFJ 類型的人會傾向尋找滿足上述所有條件的工作。如果他們覺得目前的職場不太對勁,就會默默登錄求職網站,

繼續尋找夢想中的工作。只不過，那些對別人來說很重要的條件，有些在他們眼裡就顯得不太重要。對他們來說，比起已經有穩定體系的職場，更偏好自己可以和公司一起感受成長喜悅的地方。此外，比起過度競爭，重視每個員工存在價值的職場更能讓他們感到滿足。

＃為你發現你的潛力

你是不是正在擠出時間看書，下班之後為了自我成長，還馬不停蹄地參加各種聚會？因為 ENFJ 類型的人在學習方面有很強烈的欲望和渴望，會不斷想要自我開發，所以如果從事要求這種能力的職業類別就很適合。

不過，也許是陷入他人的想法也會和自己一樣的錯覺，所以有可能會向親愛的同事們強迫推銷自己喜歡的書籍或講座等。如果成為了某人的導師或領導者，更是如此。由於太過度**要求自我成長**的 ENFJ 可能會令他人感到負擔，所以最好可以時常檢查一下自己的方向和速度，是否與對方相同。

＃我還有 28 個夢想

對於任何事情都積極面對，想做的事也很多的 ENFJ 來說，工作上也是希望可以體驗得越多越好。其他人可能很難

找出一種適合自己的能力和職業，不過 ENFJ 類型的人對世界上所有的職業都感興趣，不管會計師、影音創作者、顧問等各種職業，對他們而言都有著自己的魅力。因此，如果在目前的職場上感受到限制，他們就會對其他職業產生好奇心。因為想要做的事情還有很多。

#多虧了溫柔的領袖氣質

平時會利用稱讚和鼓勵親切地接近對方，在重要的瞬間還能扮演問題終結者的 ENFJ，會因**溫柔的領袖氣質**被同事記得。另外，由於會為了同事們的未來，努力提供適合每個人的成長跳板，因此從事能夠幫助某人的顧問類職業最為合適。

另外，ENFJ 也以對未知未來的期待和希望，經營著在別人看來，可能顯得魯莽的新創企業。而他們在運用華麗口才描繪美好未來，並引領公司向前走的這方面，也具備了卓越的能力。因此，有很多新創企業的負責人以這種奇特的創意和領導能力為基礎在經營公司。不過，這也得遇到願意相信他們的員工才行。

ENFJ 的工作優點與推薦職業

－因為強烈的責任感，會想盡辦法完成被賦予的任務。
－雖然也會意外出現漏洞，但是對工作的快速決定和推動能
　力都非常出色。
－無法輕易對他人的困難視而不見，常多管閒事地猜測對方
　的狀況並給予幫助。
－營造相互鼓勵、互相督促的工作環境。
－不僅對對方說的話深有同感，還提出了明智的解決方案。
－如果需要快速處理業務，ENFJ 類型的人很適合。
－很享受具新挑戰的業務，並且擅長建立體系。

＊推薦職業：教育或經營顧問、大數據分析家、教師、諮詢
　師、企業經營、教練、社會運動家、社福團體、製作人、
　外交官等。

案例：與不同類型發生矛盾的瞬間

金慎重（ISTJ）組長和趙關懷（ENFJ）專家正在尋找可以為全公司供應礦泉水的新合作伙伴。

趙關懷專家：組長，你看過這份提案書了嗎？在各家的提案書中，A企業的提案書看起來最有感覺。請看看這個標語：「要在新的水裡遊玩啊！」哈哈！

金慎重組長：我有點擔心那家的公司的信譽……他們好像才剛成立沒多久。嗯……那家公司的礦泉水可以保存多久？

趙關懷專家：請稍等。我查了一下，保存期限比其他廠商短。那麼，組長看過的廠商中，最喜歡哪一家呢？

金慎重組長：不管怎麼說，在礦泉水市場，○○品牌的市占率最高。只要好好談一下價格就可以了，趙關懷專家要不要試著交涉看看？

趙關懷專家：我就知道你會這麼想，所以先和負責人協商了一下價格。因為供貨情況，價格協商好像有點困難。

金慎重組長：嗯……因為一旦決定就很難再換其他廠商，再找找其他公司吧！

#（ISTJ）金慎重組長的想法

　　趙關懷專家會配合上司的風格，自己看著辦。只是他太有推動力，總是領先我幾步，可是有時候按照我的標準，這看起來似乎只是想敷衍了事，感覺有些令人惋惜。而且如果我沒有做出符合他期待的反應，他的情緒就會顯現在臉上。

#（ENFJ）趙關懷專家的想法

　　因為知道組長謹慎行事的風格，所以我煞費苦心，提前縮小了選擇範圍，可是他居然叫我再多找幾個選項？原本覺得還不錯的細心，現在卻讓我覺得無比鬱悶。因為他對所有業務都傾注了心血，工作反而沒有任何進展。雖然我很想對他說：「現在已經找了很多，直接繼續推動吧！」不過最後還是忍住了。

#矛盾的解決方法

　　趙關懷專家的推動能力和金慎重組長的慎重有很大的可能會發生衝突。這不能說是某一個人的錯，但是兩人的表達方法需要檢驗。雖然趙關懷專家想要表達與組長相反的意見並不容易，但是站在組長的立場，他的表情早就已經可以說明一切，所以不說出來反而讓人感到更鬱悶。

其實就算真的說了出來，趙關懷專家的委婉表達也不會為金慎重組長的心情帶來太大的打擊。反而一句話都不說，只用表情表達時，會讓組長更加不開心。所以如果正在苦惱要不要表達自己的想法，就乾脆直接說出來吧！說出來也沒關係。

　　趙關懷專家應該要記住，**矛盾不是相互「傷害」，而是「變得更完美的過程」**。而且，說不定你本來就已經有能力把自己的意見，包裝成不會傷到對方心情的話語了。

陷入低潮！喚醒 ENFJ 的方法

#趙教練的 Message

　　理解難懂的他人內心深處的你！ 對自己的事所擁有的感受、對於對方的關懷、具備推動能力的領袖氣質即使不被稱讚，也是你不會消失的優點。所以有人和你一起工作的話，滿足感會很大。

　　然而，由於對對方的獻身精神，很可能給自己帶來一股強烈的疲累感。有時候去幫了同事，卻得不到實際利益，會覺得自己吃虧了。看著並未向這樣的你說「謝謝」、「做得好」的人，當然會感到遺憾。當你沒有收到那種回饋的時候，你會感到空虛，甚至被背叛。現在！**與其等待對方的認可，不如自己認可自己**。只要你對某人有幫助，就提高了自身的價值和自尊，說明你是必要的存在。

　　讓你陷入低潮的原因可能是無法滿足成長渴望的工作，但請回頭看看看，工作的眼光是不是太高了。即使做同樣的事情，在工作中的成長也是要透過觀察自身行為、沉思反省才能感受到的，如果連感受到的餘力都沒有，請找出原因。若是以忙得不可開交為藉口，說自己感受不到成長的喜悅，或許很快就會體力耗盡，學習和成長對你來說是非常重要的

填充劑。

　　最好不要輕易考慮辭職。別忘了，堅持走在一條路上是自我開發和成長最重要的鑰匙。如果還是不喜歡上班，請設定在上班前，可利用時間完成的自我開發目標。如此一來，將為你帶來一股生活的活力和動力。

−□×

CATEGORY 2.

營業管理組

ESTJ. INFP. ESTP. INFJ

| 小組特徵 |

　　營業管理組是負責損益管理、營業行銷、活動企劃、庫存及新產品管理等與提高營業成功率有關之協同活動的組別。隸屬於這一組的他們需要有掌握當下問題的分析能力和企劃能力。雖然也有長期以個人為單位的業務，但是需要企劃的事情很多，所以要承受「創造新事物」的負擔。創意會議比較多，是個相當重視想法和自我表現的團隊。

小組成員介紹

ESTJ
齊一中組長

　　齊一中組長每天勤勞地一上班便開始工作。他擁有既快速又具完整性的業務實力，讓他在成為組長前就以工作能力強而聞名。多虧了這點，營業管理組在公司內部以時常取得好成果著稱，組員們的獎金也得到了保障。然而諷刺的是，組內的離職率偏高。可能是因為期待較高，每件事都要一一查的組長讓職員們備感壓力。相反地，以組長的標準來說，員工們做事的速度和工作結果總是令他感到遺憾。所以這個小組裡最忙碌的人，總是齊一中組長。

＊ 特徵：可以忍受沒禮貌的人，卻無法容忍工作能力差的人。

INFP
朴愛珠專家

　　朴愛珠專家似乎有一個自己的世界。儘管如此,她絕對不是自私自利的人。因為很關心他人,所以幾乎不曾與人對立。或許因為如此,在辦公室裡很難聽到朴愛珠專家的聲音。不過,朴愛珠專家的存在感能體現在網路上,她為了工作而撰寫的宣傳文章點擊率總是很高。

＊ 特徵:常常被人發現看著窗外,陷入沉思的模樣。

ESTP
趨廷者專家

　　把認真的氣氛當成嚴肅氣氛的趨廷者專家，總會用愉快的玩笑緩和僵硬的團隊氛圍。在這種柔軟而充滿活力的現場，他會更加覺得自己還活著，於是不常守在辦公桌前。因為這樣懂得掌控工作和公司內部氣氛的領袖風範，同事們都能感受到他的魅力。

＊ 特徵：工作結束後，希望有人邀約參加聚會。這種場合如果沒有約他，他會感到很失望。

INFJ
羅安寧專家

　　個性溫和且說話輕聲細語的羅安寧專家擅於經營一對一關係。他擁有了解對方心情的溫暖，然而真正了解羅安寧專家的人卻寥寥無幾。就連認識他很久的同事也說，他是個認識越久越難以理解的人。羅安寧專家雖然擁有極端開朗的個性，不過似乎也有一股莫名的深沉和憂鬱。

＊ 特徵：人們總說和羅安寧專家單獨對話的時候，有一種在告解的感覺。

| 小組的日常生活 |

會議室裡，營業管理組的齊一中（ESTJ）組長、朴愛珠（INFP）專家、趙廷者（ESTP）專家、羅安寧（INFJ）專家正聚在一起，準備上半年的業績回顧及下半年的報告會議。

齊一中組長： 今年上半年業績回顧的發表資料準備好了嗎？

朴愛珠專家： 是，我正好想要告訴您（因為您好像很忙，所以正在尋找告訴您的機會），雖然快完成了，不過我想和組長討論是否要排除發生問題的 A 商品業績。

齊一中組長： 妳應該馬上問我，然後盡快處理啊！我在忙，就不開報告會議了嗎？把 A 商品也包含在內。這樣的話，那個什麼時候可以完成呢？必須在期限內完成。好了！接下來，下半年的企劃商品發表要以什麼風格進行呢？

趙廷者專家： 我看了上次上半年報告會議的反應。很多人反映説，自己拍攝的影片容易引起共鳴，也很有趣。現在掀起復古熱潮，如果利用復古角色拍攝一段影片，應該會很有意思吧？

羅安寧專家： （苦惱著要不要説出自己的新想法）哦～這個也很新鮮。趙專家果然很喜歡機智有趣的想法。

齊一中組長： 嗯……我擔心那麼做，會不會讓商品看起來太

不重要了。從現實角度來看，最好找個一下子
就能夠接觸到商品的概念。

羅安寧專家：以「夏天去飯店度假時發生的事情」當主題，
怎麼樣？

齊一中組長：飯店度假時發生了什麼事？可不可以說得更具
體一點？

| 有效率的合作方法 |

#給 EST－型的建議

　　EST－類型在企劃時，比起完全重新創造，更偏向以根據為基礎，來考慮是否有可能實現。因此，INF－類型的想法對他們來說，可能會是捕風捉影且難以掌握的事。就像鑽石被琢磨之前，會以石頭形態存在於這個世界，未經修飾的創意對他們來說，看起來可能就跟石頭沒有兩樣。

　　雖然現在是聽起來很模糊，貌似毫無意義的意見，不過建議還是帶著開放的心態提問，試著去理解吧！那些意見若是經過你的現實感仔細琢磨，可能就能創造出更有價值的想法。

#給 INF－型的建議

　　INF－類型與別人不同，常常因追求前所未有的事物而想出新點子，然而這些卻尚未在 EST－類型的腦海中被勾勒出來，因為他們需要一個從容理解的過程。在這個過程中，體貼的你可能會畏縮地覺得自己是不是太天馬行空，不過越是這樣，就越需要用無比堅定的語氣吸引別人。

　　生疏的意見表達反而會讓人覺得你的想法很「模糊」、「虛無縹緲」。因此，如果可以詳細舉例說明，你的意見就很有可能被以正面的眼光看待。

ESTJ

做了就要拔得頭籌
齊一中組長

ESTJ 的工作特徵

「我會用成果證明，請將成果換成獎勵給我吧！」

#如果沒有時間計畫表，就會陷入不安

以責任感團結在一起的 ESTJ 類型有「言出必行」的傾向。因為這是掛上自己名字進行的業務，所以心中充滿了想做好工作的熱情和欲望。也許就是因為這樣，在他們的腦海中，不管在什麼時候，都無法拋開與工作有關的思緒。

他們彷彿在起床的瞬間就打開了工作開關。還沒坐到辦公桌前，就已經在腦海中，整理了一遍當天要做的事並制定好計畫。對他們來說，為了在有限的時間內完成大量業務，**沒有比計畫更重要的了**；只要像這樣集中處理，就會成為最先交出成果的人。他們有時候也會受不了還有工作留在自己手裡，因此身邊很多人會稱他們「**工作狂**」。

#我的工作能力還不錯吧？

迅速且完整處理好事情是非常困難的，但 ESTJ 就是能夠完成這些艱難任務的人。他們的秘訣是**對工作的集中力**！光是這一點，就足以讓他們成為最強者。換個角度來看，如此

的專注也是他們除了工作以外，對其他事物毫不關心的表現。如此「以工作為中心」的他們，就算可以忍受心狠手辣的上司，也絕對無法忍受工作能力差的上司，以及只有個性好的上司。

他們成為了組長之後，也會用這個標準看待下屬。就算是再積極的好好先生，如果沒有做出成果，也會擔心該不該分配工作給他們。他們會一邊想：「他們可以做得好嗎？」、「○○工作都結束了嗎？」、「工作進行到哪裡了？」一邊逐項仔細檢查下屬的作業，雖然不是故意的，卻總是給對方帶來壓力。

#準備好的討論很令人愉悅

如果在會議上，有一位組員說出：「我覺得 A 方案更好，既新鮮又有新穎的感覺。」這種毫無根據，只表達了個人喜好的意見。ESTJ 類型的人就會直接開口，說出大家一直默默放在心中的話：「那個好像沒有說服力？」

對他來說，在會議上，**比起對方的心情，更重要的是做出正確的決定**。而為了做出正確的決定，就需要正確的根據或明確的理由，因此他們就算在表達意見之後也不會產生心結。組織是為了任務而組成的，為了取得更好的結果，矛盾

也被視為是理所當然的過程。因此，ESTJ 類型的人會比任何人還要更激烈地表達自己的想法。在他們悲壯地踏入會議室時，不只備好可以支持自己主張的根據與事例，還準備了主管可能會詢問的問題，因此他們並不害怕。如果在表明自己的主張時，陷入私人感情而無法及時說出該說的話，反而會被認為不夠專業。當自己的意見被採納，他們就會莫名喜悅；反之，沒能表達自己的想法時，勝負欲就會被點燃，而陷入無法入睡的苦惱中。

#很難聽到感性的號召

有些上司在要求無理的工作時，會情緒激動地說：「就只有這一次，看在我的面子上，加一下班吧！就當成是幫我的忙，好不好？」這種話對於 ESTJ 類型的人來說，很難理解。

職場無疑是以自己的勞動獲取正當代價的地方，所以「看在我的面子上」、「只有這一次」等說辭，可能無法喚起他們的同情心。還不如具體提出「對於這次工作，何時會給予補償」的方案，對他們來說更有說服力。

他們這種價值觀也延續到工作上。在公司裡公私不分、進行與工作無關的閒聊，或忙著在通訊軟體上打字的聲音，在他們耳裡聽來格外刺耳。即使不想去注意，心思細膩的他

們也會在意起這一切。因為這種乾脆俐落的性格和只熱衷於工作的態度，偶爾會被人認為「沒有人情味」，但也因此他們**不會被感情左右**，擁有**公平、公正**的形象。

#有時身邊的人會嫉妒被認可的自己

他們在職場進行的溝通大部分都以工作為目的。**在工作上重視溝通**的他們，常會把自己的業務透過郵件分享給負責人和所有相關部門。他們負責的業務常常是公司很重視的，所以身邊的同事們也都知道他們在進行什麼業務。過程中，還可以發現他們不斷強調自己的業務「很重要」、「正在取得成果」。偶爾也會有些工作像這樣因為他們機靈的溝通方式，而被視為重要業務。儘管有些同事可能會覺得他們這樣子「太過招搖」，不過他們並不介意，他們認為公司就是來工作的地方，同事們只是羨慕自己得到認可。而這也就是INFP 類型的人會羨慕他們擁有「最強精神」的原因。

適合 ESTJ 的工作環境

＃獎勵必須與成果成正比

　　他們自認可以毫無問題地順利處理比其他同事更多的工作。因為他們的確付出了相應的努力和時間，所以覺得那些補償是理所當然的。如果沒有聽到對他們的評價，ESTJ 會比其他類型的人都感到痛苦，也會需要一段時間來接受事實。在這種狀況下，他們會認為，應該要申請和上司面談，以獲得自己能夠理解的理由，或者提出改善評鑑體系的必要性。對於他們來說，**獎勵的價值遠遠超過金錢**，那些是公司對於自己盡心盡力工作該給予的報答。如果一間公司無法賞識自己的努力，他們便會尋找其他出路，或是立刻轉換成旁觀一切的態度。反之，他們在**根據競爭給予補償的業務環境**下，會感受到刺激的緊張感和成就感。

＃因為堅持不懈而當上領導者

　　本來應該盡快處理好的事情，進展不順利時，ESTJ 類型的人常會忍不住感到鬱悶，自然而然扛起領導者的角色。或許就是因為這樣，ESTJ 類型的新進員工們也經常得到「**有領導能力**」的評語。在 MBTI 中，他們被稱為企業家類型，不

過實際上，有很多人是在組織內部才能發光發熱的。

　　雖然他們對工作的專注力和推動能力不輸給任何人，但是冒險或有勇無謀的挑戰對他們來說並不容易。因此，與其說他們一開始就抱有「成為組織領導者」、「抵達最高地位」等遠大目標的欲望，不如說他們擁有持續達成現實目標的天賦，所以許多人自然而然成為組織領導者。

#保障屆齡退休且擁有系統的企業

　　ESTJ 擅長在曾經推行的工作上建立體系並加以組織化。因為知道比起「One」，「One Team」的威力更強大，所以他們喜歡將業務說明書化，認為只有這樣才能同時創造出高品質的成果。

　　他們在**共事時，更能發揮自己擁有的能力**。擁有「－STJ」指標傾向的他們具備完美主義的一面，因此不太喜歡把工作交給他人。不過 ESTJ 類型的人也很會分配工作，他們在委託任務時，會提供明確的指示，並且在中途仔細檢查。同時，他們整理成果的能力也相當卓越。然而，下屬可能會因為必須按照說明書化之要求，完美執行工作的強迫感而覺得有相當大的壓力。

#計畫必須明確，才能得到成果

即使是購買一個平凡的商品，搜索和閱讀評論是基本，甚至會查看廣告型評論並過濾出誇大廣告的他們是資訊收集派。他們極度厭惡事情沒有依照自己預想的那樣發展，或是讓自己蒙受損失。因此，他們相信唯有計畫和對策才能讓自己在不確定的未來產生安全感。發表事業計畫的日子前一晚，如果模擬結果不完美，就會徹夜難眠。因為他們很清楚，要是出現了自己意料之外的工作，大腦的運作就會瞬間癱瘓，所以在事業計畫發表之前，都會先假設各種可能的突發情況，並制定出對策。同事們看到這樣的他們，可能會覺得：「有必要做到這種程度嗎？」不過，他們在按照計畫行動的生活中，才能夠感受到穩定和舒適。

#我們就坦率一點，說出想說的話吧！

ESTJ 認為誠實就是信任，經常把自己的想法直接說出口，所以常被視為「**不會記仇**」的類型之一。就算對方是上司，他們也能夠坦率地說：「組長，老實說年假不是公司的，而是根據我的工作年數賦予我的。所以，不是應該由我自己選擇該怎麼使用嗎？」甚至會在後面補一句「難道不是嗎？」再次確認事實。

ESTJ 會以充分的根據為基礎，而且只說正確的話，因此往往很難從邏輯上反駁他們。他們之所以能夠這樣說話，是因為他們對於自己的工作很有自信，而且認為在公司內部給人一種乾脆俐落的形象也不錯。因此，在與顧客見面時，比起無條件的親切，他們更喜歡坦率說出顧客的利益並與之進行協商。對他們來說，誠實是他們在社會生活中的矛與盾。

ESTJ 的工作優點與推薦職業

－因為不想輸給任何人，所以不管對什麼工作都抱有責任感，竭盡全力去執行。

－認真檢查細節，擅於考核與評鑑。

－能在規定的時間內，設定現實的目標並有效處理業務。

－在分配他人業務時，會明確轉達對業務的期待及詳細指示。

－對自己擁有很強的信心，且想要遵守自己說過的話，讓同事們感到信任。

－不會被情感動搖，按照計畫處理，所以失誤少且成果的水準也很高。

－會依據客觀的評價標準，向對方提出現實的建議並且實話實說。

＊ 推薦職業：公務員、警察、營業組員工、認證審查員、信用分析員、建築師或設計師、製造與生產管理、行政管理、主持人、主播、醫師等。

案例：與不同類型發生矛盾的瞬間

朴愛珠（INFP）專家正在向齊一中（ESTJ）組長報告本週的業務。

朴愛珠專家：這週我們去調查了您上次提到的 A 客戶的庫存。果然像組長説的，因為庫存管理不善，發現很多損失（電腦系統與實際庫存數量不同，無法知道產品行蹤）。

齊一中組長：看吧！我就覺得那家公司的損失會很多。這個月的損失率不能太高啊……那麼，這件事妳打算怎麼處理？

朴愛珠專家：嗯……那個……針對其他客戶也進行庫存調查，看看有沒有實際貨量超過電腦系統紀錄的地方。

齊一中組長：應該要有一個更現實的對策吧？

朴愛珠專家：對不起。

齊一中組長：一開始就不該做出會感到抱歉的事嘛！我從兩週前開始，就建議要去調查庫存。呼～那麼，先打電話給 A 客戶的老闆，就説：「因為發生了〇〇問題，所以很難由我們全數承擔。」然後和他們協調一下吧！

(INFP) 朴愛珠專家的想法

朴愛珠專家偶爾會覺得，連自己的工作都能一眼看穿的齊一中組長令人毛骨悚然。他就像早就預料到事情會發生一樣，一次就擊中了問題的癥結點。雖然仔細檢查本來是好事，不過有時候會給人一種被監視的感覺。或許就是因為這樣，她在組長面前時常畏畏縮縮，連瑣碎的問題也不知道該如何處理。組長難道只看得見缺點嗎？這種遺憾之情實在難以掩飾。

(ESTJ) 齊一中組長的想法

雖然知道平時個性溫和的朴愛珠專家為人還不錯，但這不代表兩人就可以好好合作。其實，雖然在自己面前說對不起，但看不到任何改善又常常重複相同失誤的那個樣子實在太讓人生氣了。嘴上要人不要生氣，卻又不帶任何對策就來參加會議的被動態度，讓人不由自主想要嘆氣。因為平常說話的嗓音很小，看起來對工作更加沒有自信，所以每每要把工作交給她時，總是會感到不安。

#矛盾的解決方法

　　朴愛珠專家屬於開放所有可能性的 INFP 類型，而齊一中組長則是無論工作還是生活，都需要有計畫和正確答案的 ESTJ。這兩種人互相覺得有所遺憾是理所當然的結果。

　　此時，理解彼此的特點和喜歡的樣子非常重要。只是大部分 INFP 類型的人在這種情況下，總是選擇閉口不談。難道是因為跟只知道說一些邏輯正確發言的 ESTJ 類型，講自己的邏輯就像用雞蛋碰石頭一樣嗎？比起矛盾，他們更傾向選擇自責之路。這時 ESTJ 類型的組長需要知道一些事情。那就是，通常改變他人的力量不是邏輯，而是情感。特別是感性的 INFP 類型容易感到緊張，而緊張是妨礙思維擴張和記憶力運作的致命因素。所以這段時間齊一中組長可能沒有看到朴愛珠專家的真正實力。

　　從現在開始，讓我們記住鼓勵的話語會比邏輯性的說明更加有效，並且不是透過詳細的指導而是反問，試著相信對方解決問題的能力吧！例如：「怎麼做才能減少損失率呢？」如果 ESTJ 類型的人認為自己很會提問，希望你可以藉由下列圖表，再次進行自我檢視。

責備 vs 有效提問

偽裝成提問的責備

◆「為什麼要把事情搞成這樣？」→責備

◆「這件事打算怎麼善後？」→偽裝成詢問解決方案的責備

◆「你覺得為什麼會變成這樣？」→以為是在詢問原因，結果是責備

尋找原因和對策的提問

◆「和其他地方相比，這裡會變成這樣的原因，你覺得是什麼？」
　→ 掌握原因的提問

◆「在這種事情發生前，有什麼方法可以知道呢？」
　→ 掌握原因的提問

◆「以前碰上損失率太高時，使用過什麼方法因應呢？」
　→ 尋找對策的提問

◆「如果後輩遇到這種事，你會為他們提供什麼解決方案？」
　→ 尋找對策的提問

◆「你想要在我們組內，以什麼樣的角色取得認可呢？」
　→ 培養工作意義及自發性的提問

◆「這件事如果成功，對你來說有什麼意義？」
　→ 培養工作意義及自發性的提問

陷入低潮！喚醒 ESTJ 的方法

#趙教練的 Message

你是性格乾脆俐落又明確的人！因為你在任何地方都以工作能力得到認可，所以身邊有很多人需要你。不過，如果你今天沒有了地位、財產、資歷，他們還會需要你嗎？

如果你的答案是「不」，我想向一直以來都為了擁有這一切而努力生活的你說一些鼓勵的話。只要仔細尋找，還是可以找到很多尊重且珍惜你的人。因為人與人的關係也是根據自己的目標形成的，所以如果找到能安慰自己、彌補自己缺點的人，就可以從他們身上得到足夠的力量。

你會跑步，不過似乎還沒學會該怎麼停下來。如果你原本把「停止」視為「落後」，現在可以試著將其想成**「充電」**。即使每天都工作八個小時，工作效率也都有差異。仔細觀察那些效率低的時候，會發現頻繁加班或休假結束後的第二天之類，容易因為能量消耗殆盡而難以集中。人只有充飽電才能提高效率。你主要用什麼方法充電？如果很難明確回答的話，請思考一下。充電不是單純的睡覺或看電視，而是透過學習事物或與朋友進行深入對話，從中獲得洞察力，如此才能夠真正充電。現在的你充飽電了嗎？

INFP

直到所有員工都滿意為止
朴愛珠專家

INFP 的工作特徵

「我沒關係。你該不會是因為我感到不自在了吧？」

我沒有傷害你，你為何要傷害我？

通常以溫柔的性格默默完成自己的工作。對此，多管閒事的同事們因為擔心 INFP 類型的朴專家看起來有些膽小而提出了建議。即使聽到「這是為了你才說的……」、「朴專家有點令人感到可惜……」等自己無法認同的話，但因為知道那個人的意圖並不壞，所以都用「謝謝」回應。

由於**對他人給自己的評價很敏感**，甚至到了晚上睡不著的地步，所以可能會有很多煩惱。不過，自己的想法和信念最終還是不會動搖的。這就是 INFP 之所以被稱為「聖女貞德型」的原因。只要是真正想做的事情，他們都會用開拓者的精神去完成。

等一下，我也需要思考的時間

內向型的人通常喜歡獨處，但是在獨處的時候都做什麼呢？ESTJ 類型的人會整理好要做的事情，準備下一項工作；ISFP 類型的人則會發呆，讓身體和心靈好好休息。

INFP 類型的人雖然身體在休息，但是腦袋正在尋找走出迷宮的路。一下子審視自己的生活，一下子又對昨天同事不經意跟自己說的一句話賦予解釋。接著，因為突然看到鏡子中的自己，發現過了染髮根時期而慘不忍睹的頭髮，於是開始搜尋沒有預約就可以前往的美髮店……。越是想解開像這樣不知道何時會從哪裡冒出來的想法，想法就越容易糾結在一起，最後變得無法收拾。諷刺的是，多虧了這些複雜的想法，INFP 才能想到**奇特的創意**。

#沒有一件事情是需要傷害他人才能完成的

INFP 可以理解他人的範圍比較廣。儘管看著上司把他們作的企劃案以自己的名義發表，感到很生氣，卻還是認為：「這好像也是可以。因為他給了我們很多意見。」他們會像這樣，努力試著理解。

但是，如果侵害了 INFP 真心認為很重要的事情，他們便會選擇盡可能迴避或乾脆斷絕這段關係。如果和自己很親密的同事在眾人面前說：「你這麼說，看起來很沒自信。」冒犯了他們自卑的一面，即使沒有當場嚴肅反駁，INFP 類型的人也可能會選擇和那個人斷絕一切與工作無關的對話。

#大概是我還有很多不足之處

假設 INFP 有一天在工作上被上司指責了。上司問：「如果這次又錯過這件事，你打算怎麼辦？」即使處於應該責怪上司未明確指示的情況下，INFP 類型的人仍然會反問自己：「我為什麼要那麼做呢？早知道就向上司確認一下了⋯⋯。」他們往往選擇自責。

因為這樣的模式，INFP 類型的人很容易失去自信，變得軟弱無力。這也是因為他們**對自己的期待非常高**，甚至到了讓人覺得魯莽的程度。他們總希望自己可以配合對方的需求和速度，毫無差錯地完成工作。

#好想回家

可以肯定的是，最適合 INFP 的地點是**「家」**。因此，只要他們一感受到壓力，就經常說想要回家。對於內向型的人來說，家超越了單純提供休息的空間，是最令人感到愉快的遊樂場，也是釋放壓力的安身之處。而對於在內向型中，屬於 INFP 類型的人來說，家擁有更重要的意義。他們會把在外面無法發揮的能量，在最舒服的家裡發洩出來。他們一個人也可以忙得不可開交地嘗試各種新事物，或者進行自我開發等等，充滿了能量。

在他們的人際關係中，也出現同樣的模式。他們慣用非常消極的姿態對待與自己不親近的人，但是和讓自己覺得自在的人卻可以徹夜交談。對於自己人，INFP 類型會表現出超越嫉妒的執著，與他人的相處好惡分明。然而因為無法充分表達出來，所以在人際關係中，時常感受到壓力。

在現實生活中，有很多 INFP 類型的人對於 MBTI 非常感興趣。

適合 INFP 的工作環境

#同樣的日常生活很安定？我覺得無聊

就算身體休息，頭腦卻沒有休息的時候。**不斷生產新奇古怪想法**的 INFP 在思考時，會消耗很多熱量。如果是考生，這將成為專心學習的阻礙，不過若是在需要這種能力的職場，情況就不同了。

針對被交辦的業務，INFP 常以「怎麼做才能有點新意呢？」的想法引起業務上的改革和變化。因此，客戶總是會收到充滿新鮮感的方案。但是，對於需要保持一定品質的公司來說，這可能會成為缺點，所以必須在求職前清楚掌握適合自己的工作環境。

#結果都會順利解決

他們對於未來抱持著樂觀的思考方式。舉例來說，重要的客戶被搶走，銷售額可能會下降 30％。即使在公司因而鬧得沸沸揚揚的情況下，INFP 類型的人也可能會說：「結果還是會順利解決吧？發展其他客戶不就好了嗎？」他們屬於不會放棄積極思考模式的類型，對即將到來的未來過於樂觀。

他們經常說的話中，容易出現「沒辦法」、「這也是有可

能的」之類說詞。這是因為他們的基本氣質大多是**樂觀**或**泰然自若**，在十六種性格類型中，是最理想主義的一類，所以擅長將未來想像得很美好。對於那些覺得現實像地獄般的人來說，INFP 類型寬容且積極的觀點可以給予他們力量。

#如果做出選擇，我會照做

因為在選擇上會遭遇很多煩惱，所以在購買物品時也常雙手拿著兩樣商品，思考了三十多分鐘後才決定，而且在購買後，還會覺得後悔，最後又再拿去換貨。有時他們甚至會兩個都買下來，以減少後悔的機率。

之所以這麼難做出決定，是因為習慣描繪出理想面貌的他們很難感到滿意。如果從旁給予幫助或指示，他們也可能表現出大膽的實踐能力。

例如，某個正在考慮跳槽的 INFP，得到了很多人的建議。「如果是你，你會怎麼做？」對於這種類型的人來說，建議會對他們的決定意向產生巨大影響，就算現在要決定的是自己的未來。

另一方面，一旦他們決定了一件事，就會毫不猶豫地去執行。他們會熬夜完成簡歷和自傳，並在寄給獵頭公司後安心入睡——雖然他們也有可能馬上就後悔，早上一起床便想

取消郵件。

#好想知道其他人是怎麼生活的

INFP 對於其他人如何思考、如何生活很感興趣。但是，比起直接交往、用經驗去解決這個疑問，他們比較喜歡藉由書籍或性格類型診斷等學問來解惑。MBTI 開發者之一的邁爾斯也是 INFP 類型。

有人稱他們為**「邊緣人中的人氣王」**。如果大家約一起去吃午飯，卻因為覺得有負擔而不去邀約他們，會讓感 INFP 類型的人到遺憾。因為他們雖然很難進入一段深厚的關係，卻也不想被人疏遠。他們就像這樣對他人的關心若有似無，對自己的愛也不是很明顯，同時又很難定義自己，所以對於研究性向分析特別感興趣。

#有點容易陷入愛情

INFP 遇到喜歡的人或工作，就會擁有巨大的專注力和熱愛。如果有需要瞬間投入的工作，INFP 類型的人會不吃不睡，熱情地投入其中。集中於感興趣的事情時，他們的**專注力超乎想像**地強，即使旁邊有人呼喚，他們也能充耳不聞。這種情況也會表現在購物的時候，即便當下被感覺迷住而購

買了物品，如果真的不需要，也會放置在角落裡。像這樣夢想著自己描繪出的理想關係或職場生活的他們，有可能很快就會對現實感到失望甚至突然辭職，讓同事大吃一驚。

INFP 的工作優點與推薦職業

－積極的力量可以給周圍的人帶來能量。

－擁有能夠在目前停滯的業務中引起變化和革新的想法。

－用其他人意想不到的靈光一閃讓身邊的人大吃一驚。

－對他人的業務指示表現出接受的態度。

－能觀察對方的感情，營造鼓勵對方好好表現的氛圍。

－會表現得比當事人更加悲傷憐憫，容易產生情感共鳴。

－業務時看透不同同事的特點和需求（但是，所謂同事的需求往往是主觀判斷）。

* 推薦職業：心理諮詢師、心理學者、科學家、藝術人、演藝人員、作家、記者、宗教人士、音樂家、設計師、社會福祉師等。

案例：與不同類型發生矛盾的瞬間

　　朴愛珠（INFP）專家和羅安寧（INFJ）專家正在企劃符合新產品概念的已購客戶感恩活動。

羅安寧專家：這次的感恩活動要怎麼做才好呢？

朴愛珠專家：配合這次新產品的概念──「療癒」，要不要辦一場「療癒露營」呢？

羅安寧專家：哦⋯⋯好像很不錯。那麼，我們來設計一下露營活動的草案吧？安排散步、法師的演說、美術治療、沉默修行等活動，應該就可以了。

朴愛珠專家：啊，這樣一定可以好好療癒身心。果然，你總是可以想出非常好的想法。我也想要參加了。可是，是一個人獨自體驗的活動嗎？

羅安寧專家：的確是這樣。但是，這樣不是比較可以療癒身心嗎？啊，太難了。你覺得究竟該怎麼做比較好呢？

朴愛珠專家：我覺得都還不錯⋯⋯你覺得哪樣最好？

羅安寧專家：嗯，我也是都⋯⋯那麼，我們先把企劃案寫好，向組長報告後再說吧！

（INFJ）羅安寧專家的想法

朴愛珠專家總是尊重和支持對方的意見，所以和他一起集思廣益時，會覺得很開心。再加上想法也很合得來，因此幾乎不會把時間浪費在協調意見上。然而，看過我們一起寫的企劃案的人，給我們的回饋總是「捕風捉影」、「是不是太理想化了？」可能是因為沒有人反對對方的意見，所以想法變得更天馬行空了吧！

（INFP）朴愛珠專家的想法

羅安寧專家很明智。在他說出自己的意見之前，都會先問過我的意見，讓我覺得自己被尊重。但相反地，在決定意見時，往往需要花費過多時間。因為當下的氣氛往往是我們都喜歡所有方案，所以很難做出一個決定。

矛盾的解決方法

在組織內部有很多擁有不同傾向和信念的人，但是這兩個人有很多相似之處，所以很談得來。然而公司是工作的空間，在需要承擔風險、推動某件事情時，如果沒有明確的決定，可能反而會一事無成。因此，這種時候應該有人負責做出明智的決定。這時，有兩個前提——第一，需要了解提出

反對意見並不是在否定對方的意見，而是為公司尋找更適合方向的過程；第二，必須知道「最佳的選擇」幾乎是不可能的。因為時機、機會、實力往往很難同時配合。

希望你們可以整理一下為了做出「最佳選擇」需要考慮的事項。以上述情況為例，為了判斷該夏令營的內容是否適合，應該記錄並檢查「是否具有通俗性」、「是否符合預算」、「是否有宣傳點」等標準，如此選擇起來會更容易。

陷入低潮！喚醒 INFP 的方法

#趙教練的 Message

　　總是以積極心態讓世界受益的你！託你的福，無論在多麼困難的情況下，人們都能找到積極的一面和希望。但是，在大部分情況下都會說「好」的你，為了良好的關係真的只能說這句話嗎？

　　有些人可能會擔心你只會說「好」。他們會在心裡想著：「這句話是真心的嗎？」、「怎麼會總是說『好』呢？」、「真的沒關係嗎？」雖然你會希望可以和無法真心接受這一點的人斷絕關係，但是在公司很難做出這樣的選擇。

　　為了更準確地傳達你的意思，我推薦學習**「人際溝通分析」**（Transactional Analysis，TA）。人際溝通分析是一種分析個人成長和變化的性格理論。人們在表達自己的想法時，都會有各自習慣的說話模式。例如：當有人提議吃大醬湯當午餐時，每個人都會依照自己的方式來各自回答「不要」。像是：「那個太臭了，我就不用了。（A）」、「又是大醬湯嗎？（P）」、「好啊！（不過我要吃別的）那我們去美食廣場吃吧？（C）」。

這時如果是你，你會怎麼表達？你的回答會是（C）嗎？
（C）這樣的回答，即使看似是在體貼對方，但也會讓對方感
到混亂。明明有聽到「好啊！」這句話，最後卻會使對方認
為：「結果他好像不喜歡，為什麼還說『好』呢？」這種體貼
反而會讓他人懷疑你的真心。所以，如果能夠理解人際溝通
分析，考慮說話者擁有何種說話方式，不僅可以根據情況向
對象傳達「很聊得來」的感覺，還能明智地表達自己的意見。

ESTP

興致勃勃的仲裁者
趙廷者專家

ESTP 的工作特徵

「努力的人無法贏過享受的人。」

#很受大家歡迎

　　把「**快樂**」當作人生最高價值的 ESTP，在職場這個空間裡也不會例外。他所在的辦公室笑聲不斷，他講的玩笑話，總是會讓人哄堂大笑。多虧了這種親和力，除了自己的團隊，還有很多關係親密的同事，會經常與他們分享有用的消息。

　　對他們來說，在公司建立的人際關係比起真正交流心靈的深厚關係，更傾向於因為相互需要而存在的關係。因此在同一組時，雖然是每天一起吃午飯的同事；但在調到其他組別後，卻很少再見面的他們，可能會讓某些同事感到失望。

#被拒絕的話，會變成叛逆者

　　身為喜歡體育的類型，**充滿勝負欲**的他們容易對微不足道的事情說：「要打賭嗎？」想和對方分出輸贏。他們不喜歡輸給別人，但是在公司，有時候也需要承認自己的錯誤或改變意見。

　　由於他們不太喜歡落於人後，所以也不太喜歡聽到別人

指責自己的錯誤。因此，有時才聽到主管幾句責備，就爆發力十足地狡辯。然而，不管說什麼那些都只是藉口，甚至還有可能把本來說一句「對不起」就能結束的事情鬧大。ESTP類型的人很難接受自己被否定或被迫屈服。

#為了品味而生，為了品味而死

ESTP 類型的人一看就是很自戀的類型，他們似乎並不在意人們的目光，同時卻又想要得到他人的注意。為了討好他人，**有品味的時尚感**是最基本的。如果當天的穿著不合心意，就會在意一整天。就算遲到了，也會從頭到腳像平常一樣精心打扮後再去上班。

這一點不僅表現在外表。對於初次見面的人和同事來說，他們愉快、親切的樣子總是會給人留下好感。相反地，對於和自己親近的人，會比較疏忽。他們習慣對和自己關係比較好，或是相處起來比較自在的同事直言不諱，因此容易讓別人心裡受傷，也可能害與他們關係好的同事成為笑柄。

#別人還在制定計畫時，我已經開始執行了

ESTP **個性急躁**，下定決心的事總想要馬上付諸實踐。因為喜歡在從未做過的事情上得到新體驗以及即興行動，所以

有時會陷入危險或困難。

舉例來說，如果發現競爭公司有疑似在針對自家公司進攻的宣傳活動，其他類型的人會怎麼做呢？通常是考慮如何有系統地尋找競爭公司的弱點，計畫進行反宣傳或者袖手旁觀後，再付諸行動。然而，ESTP 類型的人會立刻在心裡想：「現在是要和我們來硬的嗎？」然後在宣傳活動舉辦的現場當場進行搗亂，或者馬上展開反擊的宣傳活動等。ESTP 是馬上決勝負的類型，他們就是這樣，想做什麼就做什麼。

#仔細一看，A 和 B 在談辦公室戀情吧？

ESTP 經過同事們的位置時，不會就普普通通地經過。他們會觀察專心工作的同事們，看看他們在做什麼業務、是否在做其他的事、主要和誰聊天等。

他們很擅長瞬間捕捉所有狀態，在工作上對洞察現實事件的**觀察力**也很好。不只能看出最近組長沉迷於什麼事；哪些人負責主要業務、哪些人在這個小組中產生矛盾，全都逃不過他們的法眼。多虧了這樣的觀察力，他們直指事件核心的能力也非常卓越，可以掌握目前公司最熱門的話題，並迅速將其與自己的團隊連結。像這樣展現戰略家面貌的公司生活，也讓他得到了與努力成正比的成果。

適合 ESTP 的工作環境

#整理狀況的仲裁者

就算在初來乍到的空間裡，ESTP 也不會露出尷尬的神色，能夠迅速適應，不知道的人甚至分不清楚誰才是新來的。不管在任何領域都充滿自信、毫不猶豫展現自己的樣子，給人**「適應能力很強」**的印象。

這種適應能力在發生矛盾和糾紛的情況下也會發揮出來，讓他們扮演整理狀況的仲裁者。遇上發生矛盾的場合，ESTP 類型很快就能看穿情況，並且做出分析：「好了，不要那麼緊張，現在來整理一下狀況吧！金專家是站在學生的立場，而李專家則是以老師的立場看待這件事。所以大家不要為了這件事傷了感情，分成週間和週末進行看看，怎麼樣？」

#傑出的危機處理能力

平時喜歡開玩笑的 ESTP 類型，總是給人一種輕鬆的印象，但是他們真正的價值要在出現問題時才真正得以發揮。因為他們擁有利用**卓越判斷力**去解決情況的能力。

例如：在小組報告的時候，如果突然被社長問到因競爭公司而失敗的可能性，其他人可能會馬上承認之前沒有想到

的錯誤，或是當場楞在原地，不過他們卻可以不動聲色，用充滿信心的語氣說：「我們認為輸給競爭公司的概率是 0%，所以才沒有考慮到那個部分。這點從○○事例中也可以看出。」如此具有爆發力及說服力的內容，能讓他們抬頭挺胸地擺脫危機。因此，在碰上需要危機處理的工作或協商時，他們的能力會發光發熱。

#用五感去感受的現場性

不需要出差，只能靜靜坐在辦公室工作的職場生活，反而會讓 ESTP 類型的人感到疲憊。比起坐在桌子前，他們更**喜歡去現場到處走動**，也認為這麼做生產效率比較高。這個樣子不禁讓人想起某部電視劇主角的名言 ——《未生》（미생）中的一角「韓錫律職員」曾說過：「果然還是要來現場。」這便是以現場經驗刻下自信感，在報告時發揮的場面中出現的台詞。

實際上，很多 ESTP 類型的人都經常提出這樣的問題：「你認為有現場性嗎？」、「現場的反應很重要。」、「現場能接受嗎？」他們時常如此強調現場性。

他們偏好合理實用的資訊。如果遇到了需要開拓新銷路的情況，有些人可能會先在相關網站上搜尋並收集資料；然

而 ESTP 類型的人則會親自到處尋找相關領域的熟人，並用得到的高級情報為基礎來開拓銷路。

#擁有天生領袖氣質的領導者

只要透過他們充滿信心的語調，即使不確定的事情也能讓人產生信心。ESTP 明確而有力的聲音，會讓同事們感受到**領袖風範**。在說服某人或在他人面前報告時，他們會用自己機智的話語營造柔和氣氛；但是對於猶豫要不要簽約的顧客，他們則會用強大的領袖風範引導對方簽約，十分善用其天生欲擒故縱的能力。然而，萬一因為工作而傷了自尊心，他們可能會完全成為旁觀者，所以需要特別注意。

#「你是這種人吧？」別想要這樣看穿我

ESTP 類型的人平時喜歡**表現自己**，常常把「我就是這種風格」、「我喜歡這樣」掛在嘴邊，強調自己的喜好。然而，他們卻不太喜歡聽到他人說：「你是這種類型的人吧？」來看穿自己。

雖然應該不論誰都如此，不過他們特別討厭自己的弱點被人發現。因為他們的劣勢功能是情感（F），所以比起共享深厚感情的關係，更喜歡讓彼此感到愉快、融洽的氣氛。看

到有人傾訴煩惱，而導致氣氛低落或展現出了懦弱的模樣，他們也會感到不舒服。比起傾聽他人的意見並產生共鳴的諮詢者，在可以摸索出解決方案並取得成果的現場，直接扮演解決師角色更加適合他們。

ESTP 的工作優點與推薦職業

－能在現場發揮聰明才智，自詡為解決師的角色。只是，必須是與自己有關的事。

－認為善意的競爭是公司不可或缺的要素。

－喜歡開玩笑讓周圍的人開心，使氣氛變得柔和。

－自身的主張很明確，常常被別人稱讚很有魅力。

－能利用出色的隨機應變能力說服他人，並打動人心。

－擁有神機妙算的感知能力，可以識破情況且善於處世。

－會在必要的瞬間出現，通過扮演仲裁者的角色，整理他人的意見。

＊推薦職業：運動選手、廚師、保險經紀人、藝人、主持人、警察、消防員、軍官、導遊、律師、銷售員、紛爭調停員、記者等。

案例：與不同類型發生矛盾的瞬間

趙廷者（ESTP）專家正在與齊一中（ESTJ）組長計畫事業現場需要的教育事項。

趙廷者專家：組長，這次在實地考察客戶公司時，我發現了一個事實。

齊一中組長：什麼？

趙廷者專家：我觀察了他們的工作情況，也採訪了員工，發現他們在使用我們的電算系統時，遇到許多困難。

齊一中組長：我們已經把說明詳細寫在手冊裡並分發給各客戶了。看了那個，他們還覺得困難嗎？真讓人鬱悶。那該怎麼辦才好呢？

趙廷者專家：要不要讓各位專家針對他們各自負責的客戶，進行遠端教學呢？

齊一中組長：我們有空這麼做嗎？不應該掌握工作的先後順序嗎？這麼做對我們來說效率太低了吧？

趙廷者專家：組長，你知道現在現場因為輸入錯誤而發生的缺損案例有多少嗎？每五件中就有一件是被我們發現後，正在修改的。而且，因為這個輸入錯誤，連庫存管理也不太順利。

齊一中組長：沒錯，那個也是個問題。那麼，你打算怎麼進行呢？

趙廷者專家：（工作結果不公開的）教案開發由羅安寧專家負責，而（工作結果公開的）教學由我親自負責。

齊一中組長：嗯……那麼，什麼時候可以完成呢？進行教學前，記得先在我面前進行簡報。

#（ESTJ）齊一中組長的想法

「敏銳地把握現狀」是讓他獲得高度評價的關鍵能力。他可以看出其他人可能會忽視的事情，真的是第六感很強的員工。不過令人感到可惜的是，在與他人合作時，他們可能會讓一起工作的人感到不滿。

對於工作成果可以被別人看到的事，總是會拚了命想去做；但是一遇到吃力不討好的事，就不太想負起責任，這點讓人感到遺憾。這在獲得工作成果的時候沒有什麼大問題，然而站在組長的立場，從管理組員的層面來看，很難裝作不知道。

#（ESTP）趙廷者專家的想法

齊一中組長很擅長做出成績，但是過於緊繃的管理方式讓組員們覺得很辛苦。我認為在自由的環境中，更可以自律地執行業務並產生協同效應，但是組長總是想要一一確認事情的進度，這種作法有時候會妨礙我的發揮。雖然組長總認為需要「顯微鏡」般的細緻觀點，不過我覺得也需要擁有「概觀」的能力。

#矛盾的解決方法

　　其實這兩人看待業務的角度和追求的方向可能是相似的。在工作時，他們擅長的是掌握問題所在並加以改善。然而兩者之間也確實存在差異──ESTP 類型的人擁有發現問題並立即開始推動的優點；而 ESTJ 類型的人則抱著高度期待可以得出結果。因此，兩人有可能成為互補的關係，但同時也會產生矛盾。

　　對於責任心強、重視結果的齊一中組長來說，趙廷者專家辦事馬馬虎虎的樣子會讓他感到不以為然。因此，途中可能會彷彿監視地不斷檢查趙專家的工作狀況。如果在著手工作之前，可以利用甘特圖（Gantt Chart）等工具，事先詳細分享推進時間表，就可以營造相互都覺得穩定的工作環境了。

陷入低潮！喚醒 ESTP 的方法

趙教練的 Message

因為有讓周圍充滿歡笑的你在，組織能夠獲得活力。另外，透過細緻的觀察力發現問題，甚至制定解決方案的你是組織裡面不可或缺的重要人物。

然而，自尊心過強讓你遇到辛苦的事情時不容易得到安慰，也很難向親近的人道歉。因為不想展現軟弱的樣子，所以同事們可能完全沒有察覺到在快樂的表面背後，你隱藏得很深的真實想法。

但是，有一個事實你必須記住——與你親近的人是如何看待你辛苦的樣子呢？雖然你可能認為示弱會被人取笑或營造出懦弱的形象，不過其實那也有很多正向的面貌。在組織中建立信賴關係最有效的方法就是**坦白自己的脆弱**。因為你的苦惱可以變成對方補強的重點，所以與分享的人之間的關係會更加牢固。與身邊親近的人建立穩固關係在人生中有非常重要的價值。為了不錯失這種關係，需要一如既往的努力和尊重。

你是否曾經因為傷人的話或疏忽帶來的失望，而疏遠的親朋好友呢？我希望你在他們離開之前或自己後悔之前做出

努力。如果有已經疏遠的關係，試著問問對方是不是有對自己感到失望的地方。那個人光是看到你願意聽他說，或許就能抹去一點當初傷害他的話留下的痕跡。

INFJ

在心裡尋找自我
羅安寧專家

INFJ 的工作特徵

「我現在有點忙，這件事很緊急嗎？」

#要做的事太多了，還沒完成

雖然總是忙著到處跑，但還是無法遵守自己的計畫。他們的計畫中沒有睡覺、喘息的時間。他們制定的計畫表就像要挑戰人類極限的金氏紀錄一樣。

下班後，每天都密密麻麻地安排了不同的行程。星期一下班後要練皮拉提斯、星期二要去工作坊、星期三則有讀書會等日程，因此與同事閃電聚會這種事根本連作夢都不敢想。看到就算已經這麼做了，還是很難消化所有行程的自己，INFJ 類型的人會責備自己太懶散。

之所以會制定如此忙得不可開交的行程，都是因為他們**想讓自己成長**的欲望太過強烈了。對他們來說，學習的機會隨時隨地都可能出現——無論是帥氣解決各種矛盾的 ESTP 身上具備的領袖風範；還是勇於發表反對意見的 ESTJ；甚至是擁有各種興趣的 ENFP 類型，都是他們想學習的對象。只要像這樣為了彌補自己的不足而計畫上課或閱讀，行程表自然就會瞬間被填滿，也因此他們自己計畫好的行程反而經常

給自己帶來壓力。

#第六感很好

　　INFJ 平時說話和行動都比較謹慎。然而，在突然需要預測未來的時候，偶爾會用充滿自信的語氣說：「金組長好像是這種風格……」、「那家公司最後會和我們聯絡的。」而實際上，他們說的話，也常常真的發生，所以身邊的人都對此讚嘆不已，覺得他們根本可以去擺攤算命了。

　　INFJ 的優勢功能是透過直覺（N）順利捕捉**第六感**信號，以此掌握對方。只要不過度沉迷於這點，就能充分發揮其用處。但是，也不能單憑一種面貌和線索，就開始天馬行空地想像。INFJ 類型的人也是會**自尋煩惱**的類型，總是默默苦惱：「為什麼要對我說這種話呢？難道是不相信我嗎？」不過，為了因應危險情況，這樣的苦惱也是有必要的。

#我也不懂我自己

　　因為對人一點也不放鬆警戒的樣子，在身邊的人眼裡，乍看之下可能會覺得 INFJ 類型的人非常小心謹慎。然而和他們長時間相處後，越能感受到他們時刻蛻變的魅力。就連親眼見證自己一生的他們本人，也經常會對自己的新面貌感到

驚訝。

也許正因如此,他們**想要了解自己**的欲望非常強烈。和 INFP 類型的人一樣,INFJ 類型的人也容易迷上 MBTI 等可以客觀分析自己性格的工具。另外,由於心中的矛盾較多,INFJ 的自尊經常被動搖,不過因為他們擁有努力克服一切的意志,所以也很快就能抓住自我中心。

#擅長有深度的原因分析

和各式各樣的人交談會讓 INFJ 類型的人感到不自在。理由是這麼一來,他們將很難進行心目中的**深度對話**。他們主要喜歡進行的對話是:「你的夢想是什麼?」、「你有自己的願望清單嗎?」、「對你來說幸福是什麼?」這類深奧且哲學性的問題,所以別人可能會感到莫名其妙。

喜歡心靈對話的人們在工作上,也多少有深入分析原因及掌握核心的欲望。例如:在進行專案時,實感(S)偏好的人會對於預算、專案投入人員、日程等感興趣;然而 INFJ 類型的人比起推動的背景、目的和意圖等立即執行時必要的內容,更關心原理方面的條件。因此,他們可能會更加了解核心問題,並更加接近主管的需求。

然而,如果與主管溝通不順利,就可能會出現專案進度

太過超前，或是發展不順利的情況。因此，INFJ 類型的人為了做好工作，營造溝通的氛圍非常重要。

#不是小心翼翼，而是原本就該那麼做吧？

INFJ 類型的人認為，必須要讓其他同事接受自己的行動標準。因此，在與對方協調業務的時候，有**過於謹慎**的傾向。看到羅安寧專家用謹慎且體貼的語氣說：「如果由金專家進行這個業務，就必須連 A 也顧及，這樣真的沒關係嗎？」由此可見他在同事們之間，營造了溫柔、溫暖而且十分體貼的形象。

雖然對他們來說是理所當然的，不過同事們應該知道，INFJ 也有想要得到他人尊重的理由。因為比起去抱怨不體貼自己的人，他們寧可選擇乾脆斷絕關係。

適合 INFJ 的工作環境

#總是反覆做已經做過的事，太累了！

INFJ 類型的人在感到新鮮的時候最興致高昂。在公司推動新事業時，他們的**創造力**和**洞察力**將帶來很大的幫助。相反地，如果希望他們反覆且毫無失誤地去做自己已經做過的事，他們可能很容易在職場上感到疲勞。

INFJ 類型的人雖然是內向型的一群人，不過卻認為「停滯」很快就會招來「淘汰」，所以每天都激烈地生活著。在工作多、需要嘗試新事物的地方，INFJ 類型的人可以堅持下去，但是如果沒有新工作，他們可能會產生被淘汰的不安而考慮辭職。

#這麼做的話，看起來不會像是在向別人炫耀嗎？

INFJ 很重視與周遭人之間的協調性。他們**過分在意人們如何看待自己**，想要在大家心中留下自己是好人的形象。因此，他們雖然努力追求工作成果，卻又忌諱以背叛同事的方式取得成就。結果就是，INFJ 類型的人可能會不擅長表現或包裝自己的成果。他們認為表現自己付出了多少努力、克服了多少困難，是相當放肆的行為，於是對自己的成就往往表

現出謙遜的態度。

換句話說，INFJ 類型的人比起與他人過度競爭的組織，在需要互相合作的組織中，更能發揮作用。

#專注投入時，就算有人呼喚也聽不見

如果投入到一件事中，INFJ 類型的人**集中力**會非常強大。他們擁有鑽牛角尖到可以說是固執的執著，所以在需要深入一點並得出結果，或者投入理論研究時，這種能力就會被發揮出來。當他們集中精神在工作中時，不管是誰呼叫，他們可能都聽不到。

INFJ 類型的人專注工作的時候，雖然聽得到背後有人跟他們說把某個資料放在哪裡，但是他們根本記不起來了。於是之後常常會看到他們歪著頭說：「這是誰放在這裡的？」這是需要專注鑽研並創造新事物的職業非常需要的能力，建議INFJ 類型的人可以尋找這個路線的工作。

#人們都叫我「關懷的標誌」

INFJ 類型的人擁有就算沒有長時間一起工作，也能看透同事行事作風的能力。無論是細心的上司，還是希望迅速處理工作的主管，他們都有能力配合。另外，在與同事們合作

時，比起自身主張，他們更重視與同事的和睦，所以會**以關心和支持對方為優先**。因此，和平時很會照顧人的 INFJ 一起工作，同事們都會覺得很舒服。

如果好好發揮這個能力，在與客戶對話或諮詢時，便能充分理解對方的心情；而客戶在與 INFJ 類型的人實際見面後，也可以獲得比任何解決方案都更有價值的安心感。

#為了未來而檢視自己

總是檢驗自己正在行走的人生道路，並且為了打造比現在更好的自己而不斷努力的你，常常會在心中問自己「現在正走向何方？」、「今後自己的未來會如何發展？」也因此，有人為了退休後的第二份工作，會在下班後準備考取資格證。如果可以在需要不斷自我反省和自我開發的諮詢工作或教育產業發展，可以增加自己得到認可的機會。

INFJ 的工作優點與推薦職業

－擁有沉浸於工作的強大集中力。

－善於預測未來，在需要應對的職業上可以發揮能力。

－在深度對話時能夠散發自己的魅力。

－藉由詢問，可以為自己和身邊的人提供反省的機會。

－能透過識破對方的需求來處理工作，而且他人滿意度會很
　高。只是由於想法太多，可能導致事態朝著意想不到的方
　向發展。

－想關心對方的心很強烈，連同事沒有想到的部分也處理得
　很好。

－真心幫助人們成長，並以此感覺自己還活著。

＊ 推薦職業：精神科醫生、職業諮詢師、兒童福利師、教
　育顧問、教師、人事及教育負責人、行銷、獵頭、編輯
　或主編、製作人等。

案例：與不同類型發生矛盾的瞬間

　　羅安寧（INFJ）專家和趙廷者（ESTP）專家正在構思要送給購買新產品顧客的贈品。

趙廷者專家： 這次新產品的概念不是健康嗎？如果要贈送與健康相關的贈品給購買的顧客，可以送些什麼呢？保健食品？維他命？這些應該是大眾最容易接觸到的產品吧？羅專家，你覺得怎麼樣？

羅安寧專家： 啊，那些都是大家一直都很喜歡的產品，顧客們應該會喜歡的。(但是，太沒有新意了。)

趙廷者專家： 啊，我看你好像有意見想說⋯⋯怎麼了？

羅安寧專家： 嗯⋯⋯要不要選比較另類的贈品，運動器材怎麼樣？

趙廷者專家： 運動器材？但是這樣只抽出幾個人贈送，成效會下降。

羅安寧專家： 或是健身球之類的，而且價格也不貴。

趙廷者專家： 健身球會不會不太實用？我也有一顆，但是不知道怎麼用，所以一直沒有拿出來。

羅安寧專家： 那要不要簡單製作一段 YouTube 影片，然後把影片連結做成 QR code 印在健身球上呢？

趙廷者專家： 為了區區（？）一個贈品這麼用心，不愧是羅安寧專家！

#（ESTP）趙廷者專家的想法

就連一件小小的贈品，羅安寧專家也很用心地在思考，而且好像比別人更進一步地思考過了。也許正因如此，他的想法充滿了獨創性。

然而，與他一起工作時，會發生很多麻煩事。現在哪裡還有時間去邀請健身球的講師來拍攝影片，再把 QR code 一個一個印刷在健身球上呢？不管什麼事都想要用有趣的方式進行，看起來的確很有熱情，但是希望他不要把事情變得太麻煩，反而讓身邊的人感到疲憊。

#（INFJ）羅安寧專家的想法

趙廷者專家在會議上，很能表現出存在感。只要有機會展現自己，他就會抓住這個機會主導會議，向人們展示自己的主張時也毫無顧忌。這都是很令人羨慕的部分。

然而，只專注於得到認可，看起來似乎一直在窺伺機會，這點令人感到惋惜。比起被認可，享受工作本身會更有意思吧？因為工作本身也是成長的機會。

#矛盾的解決方法

這兩人對事情的看法可能大相逕庭。對趙廷者專家來

說，工作就是工作。他相信把可以盡快完成的事情在短時間內完成，才算是做好工作。然而，羅安寧專家是不排斥為工作苦惱的類型。因此，在趙專家眼中，羅專家可能被認為是喜歡讓事情變得麻煩的人。

雖然應該要去找到兩人的交會點，不過這可能就像尋找可以讓狐狸和白鶴一起吃飯的碗般非常困難。然而，也不能就無條件迎合其中一方，因此需要第三方的介入，或是相互認可對方擅長的優勢領域。ESTP 類型的人在考慮現實可能性的有效創意上能大放異彩；而 INFJ 類型則擁有可以從宏觀角度，提出他人滿意度高的創意的能力。

另一方面，INFJ 也需要在面對「沒有對策」的指責時，讓自己變得更加堅強。馬歇爾‧盧森堡博士（Marshall B. Rosenberg）曾說：「所有人類想說的話，不外乎下列兩者之一——Please（拜託）或 Thank you（感謝）。」因此，羅專家也需要懂得接受趙專家的那句：「健身球會不會不太實用？我也有一顆，但是不知道怎麼用，所以一直沒有拿出來。」其實帶著拜託的意味：「健身球對我來說太難了，可以做點簡單的事嗎？」

陷入低潮！喚醒 INFJ 的方法

#趙教練的 Message

　　雖然剛開始人們會認為你很難接近，但是你擁有一旦陷入就讓人無法自拔的魅力！你對自己人而言，是無比溫暖的休息處。即使對方沒有告訴你需要什麼，但是有一眼就能看出來的你在，所以人們總能感到舒適。

　　然而，為了觀察對方，你好像沒有照顧好自己。希望現在你可以看看自己過得好不好。

　　為此，你首先需要的是「**思考的休息**」。你可能是一個對尚未發生的未來感到煩惱，甚至連別人的想法也一起拿過來苦惱的「煩惱收集者」。如果今天也因為 A 在公司裡說了一句意味深長的話而費心了，那麼你就需要整理一下腦袋裡的硬碟。最好的整理方法就是不要一直問自己，而是直接去詢問 A：「你剛才對我說這句話，有什麼意思呢？我覺得應該是這樣……。」開門見山親自詢問後，你可能會發現 A 其實連自己說過這句話都記不清楚了。

　　越是抬頭挺胸問他，你的腦海中越會出現多一點的空間，成就更自由的你。

─ □ X

CATEGORY 3.

人事組

ESFJ. INTP. ESFP. INTJ 🔍

| 小組特徵 |

　　人事組是從員工的招募到辭職，管理他們個人資料，並提供相應報酬的小組。對於上班族來說，招募、薪資、評鑑、教育等非常重要，足以成為他們上班的理由，員工們總是關注著人事組的一舉一動。也因此，人事組看重與員工們之間的圓滿關係。因為只有與全體員工維持良好關係，才能輕鬆向各組尋求協助，並得到幫忙。

| 小組成員介紹 |

ESFJ
趙華忍組長

　　「韓深井專家真的做得很好，太帥氣了！」趙華忍組長從來不吝嗇開口稱讚身邊的人，會像這樣激勵組員們的士氣。多虧如此，他與組員們保持著良好的關係。然而他身上有一個缺點，就是對其他組也很溫和。因此，當其他部門來委託人事組處理讓他們自己感到為難的工作時，他通常會全盤接受，從來不拒絕。這總是讓組員們忙得不可開交。

＊ 特徵：因為常常加班，所以總是無微不至地照顧組員們的飲食。

INTP
韓深井專家

　　韓深井專家偏好與自己相信有實力的人進行對話。本人也為了擁有同樣的實力，不斷閱讀相關書籍並學習。可以説，幾乎沒有人比韓專家更了解業務內容了。但因為在工作時間也持續學習，可能會有應該投入工作的時間不夠的疑慮。

＊ 特徵：如果想要與之對話，希望可以先去精熟領域再來，不管
　　職位高低都一樣。

ESFP
崔高朝專家

　　在大家都整整齊齊地坐在座位上，嚴肅工作的辦公室裡，只要突然抬起頭開個玩笑，瞬間就會讓眾人哄堂大笑的崔專家在辦公室裡社交能力最強。因為和同事們都打成一片，所以在公司裡，沒有他不知道的消息。自認是人們眼中「超級人氣王」的崔專家經常參加各種活動、聚餐。因此，他與號稱公司實權人物的其他團隊負責人也交情頗深。雖然利用人際關係和網絡，讓他的職場生活過得很順利，但是和他一起工作過的人的反應可能會不太一樣。

＊ 特徵：在公司裡，好像沒有人不曾和崔高朝專家一起吃過飯或喝過酒。

INTJ
申通海專家

　　充滿智慧的申通海專家是團隊裡的智囊。他會以理性且學術的說服力,在小組做出主要決策時產生影響力。雖然有時會因為想法過於深奧且不著邊際,讓身邊的人不知該如何是好,但是這種特性也為人事組帶來新的洞察力,是革新和改善人事組業務流程並奠定體系的一等功臣。然而,站在組員的立場來看,其不斷變化的流程也為業務帶來了混亂。

＊ 特徵:只要申通海專家專心處理業務,就算在他身邊敲鑼打鼓,
　　他也不會知道。其實,就算在他身邊開了一場生日派對,他也
　　不會記得。

| 小組的日常生活 |

某天，人事組的趙華忍（ESFJ）組長、韓深井（INTP）專家、崔高朝（ESFP）專家、申通海（INTJ）專家正聚在一起整理第三季的人事評鑑結果。

趙華忍組長：各組的人事評鑑結果都交過來了嗎？

申通海專家：是，雖然都交齊了，但是各組每次遞交結果的方式都不一樣，所以整理起來很費時，非常沒有效率。即使建立了系統，他們也沒有遵守，所以很讓人生氣。用錯誤方式遞交的組別，我們應該考慮處罰方案。

韓深井專家：這不是他們主要負責的業務，所以只想要快點處理好吧？自私的組織文化和制度似乎才是問題所在。

崔高朝專家：大家多少都有點那種傾向，但他們又不是故意的，如果規定太過死板，以他們的立場來說，會不會產生不滿呢？

申通海專家：不是，指南已經寫得這麼詳細，只要讀一遍就會知道該怎麼做了。

崔高朝專家：哎呀～好事就是好事。即使我們會有點麻煩，這次也睜一隻眼閉一隻眼吧？

韓深井專家：那麼可以請崔專家彙整一下嗎？

趙華忍組長：好了。這次換格式，一定讓各組長們搞混了。這次就先收下來，然後再個別通知搞錯提交方式的人吧！

| 有效率的合作方法 |

#給 ESF－型的建議

　　ESF－類型的人想要照顧對方的心與眾不同。非常重視互動的他們，聽人說話時，常用「沒錯、沒錯」、「太讚了！我就說吧～」等正面表現，與對方產生共鳴。同樣地，他們也會盡量少說可能傷害到對方的話。

　　雖然我們在組織內也會追求合作關係，但在職場常常無法避免矛盾。這時，體貼他人的 ESF－類型因為擔心會與對方發生摩擦，所以通常會惜字如金，避免發表意見。由於在發表意見時，用「討厭」、「不舒服」、「很難」等情緒化的字眼很難說服同事，建議可以加入證據來闡述自己的主張，不過要試著改用「沒有效率」、「不合理」、「沒有效果」等理由說服對方。

#給 INT－型的建議

　　INT－類型的人偏好以與眾不同且前所未有的嶄新想法推動工作，然而這對同事來說可能是從未見過的全新局面，為了讓他們理解，需要投入很多能量。然而，INT－類型的人耐性有些不足，會覺得向對方闡述自己想法的過程很麻煩，所以他們傾向於省略複雜的過程，常常直接表示：「還是我來吧！」

可是，等到自己去做完之後，事情真的就會這樣完全結束嗎？在組織裡，還有很多需要去說服並使之理解的對象。上司和上司的上司也包括在其中。換句話說，總有一天會需要整理自己那些困難且複雜的想法，並用語言向別人表達。因此，建議可以使用比喻來簡單地表達，並站在對方的立場，整理出推動這件事的好處，以此準備簡報。

ESFJ

愛管閒事的嚴格派
趙華忍組長

ESFJ 的工作特徵

「**不要太勉強了。為了讓你在工作之餘，也能照顧好身體，我準備了紅蔘。**」

#從某個瞬間開始，發現自己正在幫助其他同事

正在專心工作的時候，身邊傳來聲聲嘆息。如果有人不管自己多忙，都覺得不能就這樣丟下那個同事不管，而上前詢問：「發生什麼事？」那個人大概是 ESFJ 類型的人。

或許他們會認為自己沒能好好提供幫助，而自覺能力不足，但是在同事眼中，ESFJ 類型的人往往是以多情且常常**照顧身邊的人**而得到好評。其中不少人總是不忘幫同事過生日，還常把自己手上可用的東西分給身邊的人。只是他們身邊的同事應該謹記「Give & Take」。就算他們經常自願展現善意，也要記得表達感激之情或是小小的誠意，如此才能與他們維持深厚的關係。

#同事們之間如果不和，我會更不自在

認為人際協調最重要的 ESFJ 類型，如果發現在合作的同事中，有人單方面蒙受損失或心情不好，他們會感到很不自

在、十分敏感。他們希望自己的組織內部氣氛良好、成員們團結一致，成為一個真正的團隊。因此，他們經常自告奮勇**扮演溝通橋樑**或對方的發言人。然而，他們也很清楚，在組織內部，不是每個同事都能成為朋友。

如果聽到 B 同事在自己面前說 A 同事壞話，他們會說：「對，沒錯。A 的確有點自私，不過他還是很為同事們著想。」扮演起代言人的角色，於是之後反而經常被誣陷成挑撥離間的人。

#開會中，不要誤會我們在玩

與其他類型相比，ESFJ 類型的反應比較明顯，在會議上也是熱情的旁聽者，**負責炒熱空間的氣氛**。不過，聽到從會議室傳出來的笑聲，可能會讓其他同事們感到奇怪而想要窺探。經營「外賣民族」應用程式的公司「優雅的兄弟們」，便以「多多閒聊就是競爭力」當成社訓。在像這樣的公司裡，這種氣氛可能會被鼓勵；但是對於企業文化相對傳統、保守的公司來說，這麼做可能會成為公司內部的不安定分子。

#忙得團團轉的是我

對 ESFJ 類型的人來說，在這個世界上，要交往的人和可

以享受的各種愛好很多，所以沒有什麼愛好是他們沒有嘗試過的。雖然喜歡和人們一起玩，度過愉快的時光，但是也會勤勞地行動，提前做好自己分內的事。

因為他們是**兼顧工作和享樂**的人，所以一天二十四小時對他們來說總是不夠。他們工作的時候，就連上廁所的時間也要擠一點出來分給工作。多虧如此，ESFJ 類型中有很多同時擅長經營業務與人際關係的專業優秀員工。

#常常不由自主去照顧別人

看到陷入不安的人，無法就這樣丟下他們不管，所以 ESFJ 類型的人會一一照顧他們。「這個期限到今天為止，你都做完了嗎？還沒開始做嗎？唉～你參考我的吧！」嘴上說著不該照顧他，但回過神來卻發現自己正傲嬌地幫忙收拾善後。像這樣照顧對方，久而久之就會成為親密的關係。

因此，ESFJ 類型的人身邊總是有很多需要他們照顧的人。如果感覺這樣太吃力的話，可以回顧一下莫比烏斯帶*的起點在哪裡。也許原因就在自己身上。

---

*　編註：將長型紙條一端扭轉 180 度後，兩端黏在一起形成的一個無限循環的平面。

適合 ESFJ 的工作環境

#營造互相支持的氣氛

在職場中，**重視關係**的 ESFJ 類型更喜歡互相鼓勵和認可的氣氛。就算是他人成功簽約或升遷等與自己無關的事，即使只是為了讓自己心情舒坦，也會表示祝福與支持。對於和他人一起完成的事，ESFJ 類型的人會毫不吝嗇稱讚對方的能力：「真的做得很好，這一切都多虧你了。」

ESFJ 類型的人面對彼此的喜事、喪事或業務成果時，在營造激勵的氣氛上，能發揮很大的作用。相反地，ESFJ 類型的人很難忍受傷害他人的話語或互相中傷的組織氣氛，所以有時候會選擇與用言語汙衊他人的人斷絕關係。

#可透過民主方式進行決策的地方

ESFJ 類型的人不太喜歡聽從一個人的權威進行工作。如果 ESFJ 類型的人成為 CEO，很有可能打破象徵權威的座位安排或打通社長室，並以「照顧員工」的文化經營公司。因為他們很清楚，即使自己身為公司的所有人，如果沒有員工，公司也無法運作。ESFJ 類型的老闆會努力建立享受工作的氣氛，重視實際執行工作的人提出的意見。所以，一定會

參與可以自主參與決策的事。

ESFJ 類型的人不是主管，而是組織的成員時也一樣。他們會在自己的職位上，憑藉著完成義務的責任感、忠心與誠實，在那家公司表現得很好。

#只要能興致高昂，哪裡都行！

喜歡與人見面的 ESFJ 類型具備能和「在意料之外地點碰面的人」建立親近關係的巨大優勢。由於這種在任何地方皆能拓展人脈的能力，他們不論在營業領域或服務領域都可以嶄露頭角——不僅能藉由不具商業性的形象，帶著真心營業，還能果斷處理業務，所以簽約成功率和維持率都很高。

多虧其毫無隔閡的**親和力**，即使彼此是為了工作才結識，與公司同事之間也可以親近到能一起去旅行的程度。他與他人的關係很好，所以在公司裡沒有敵人，甚至很多同事都自稱是他的友軍。

#在可預測的工作上，感覺到安全感

因為 ESFJ 類型的人相信，唯有在組織內部遵守一定的規則或紀律，公司才能穩定運作，所以每天的例行公事、有一定循環的生活，會讓他們更有安全感。ESFJ 類型的人**喜歡有**

規律地進行且具有既定模式的工作。其中，白天透過與客戶合作維持良好關係，下班後又能夠保障私人時間的職場，最可以將他們的滿足感最大化，並且促使他們在工作上取得好成果。

#在保守集團也適應良好

雖然因為性格活潑而給人一種自由奔放的印象，不過出乎意料的是，ESFJ 類型的人擁有懂得好好遵守習慣和規則的反差魅力。他們喜歡把自己用過的物品原封不動保存下來，同時也會害怕失去自己擁有的東西。現有業務出現新的變化時，也會給他們帶來恐懼。因此，如果作業已有既有程序，就算效率較低，他們也依然會如實遵守。

就像這樣，ESFJ 類型的人可能很難配合上時時刻刻都在追求變化的領導者們，但憑藉著他們特有的忠心，一樣能很好地適應。不過在選擇公司時，已經累積了一定經驗、狀況十分穩定的公司更適合他們。

ESFJ 的工作優點與推薦職業

－較遵守紀律和規則的管控機制。

－會嚴格把關，減少問題發生的機率。

－能與身邊的人形成互相支持的氣氛，且良好的能量能在交流中發揮作用。

－在照顧和幫助人方面會盡最大努力，使自己的存在感得到認可。

－在具備完整業務程序的地方可以更好地發揮能力。

－喜歡動手製作各種東西，並分享給身邊的人。

－喜歡有禮貌地與他人建立關係。

＊推薦職業：派對策劃人、導遊、飯店服務人員、乘務員、銷售人員、護理師、預算分析師、生產管理、工坊或傳統工匠等。

案例：與不同類型發生矛盾的瞬間

　　韓深井（INTP）專家和趙華忍（ESFJ）組長正為了「以一～兩年資歷員工為對象的充電培訓」，進行會議。

趙華忍組長：這次的培訓是充電培訓，為了讓員工們獲得正面力量，在工坊之類的地方製作陶瓷，進行可以療癒他們身心的課程怎麼樣？韓專家也有想到什麼好點子嗎？

韓深井專家：最近的上班族會喜歡那個嗎？其實，我很懷疑到底應不應該進行員工們的充電培訓。員工們需要的反而是深入思考如何設計自己未來的課程吧！

趙華忍組長：這個課程是公司長年都在做的，培訓的負責人也建議在這個月進行比較好，所以我想要快點開始執行。再說，之前參加者們的反應也很好。不然，加入滿意度一直都不錯的電影相關人文學課程怎麼樣？如果可以邊吃爆米花邊休息，也有可能變成讓員工們思考的時間。

韓深井專家：真是細心的關懷！（拍手）組長果然很細心。

趙華忍組長：呵呵！這應該是稱讚吧？

#（INTP）韓深井專家的想法

知道趙華忍組長本來就是位很體貼、也喜歡志願服務的組長，不過希望他可以思考一下真正有意義的是什麼，再來推動工作。由於他偏好堅守一直以來的模式，所以即使執行的意義下降了，卻還在進行的教育課程已經不止一、兩項。現在為了設計實際有幫助的培訓活動，就是應該果斷取消不必要的課程。老的東西也不是什麼都是好的。

#（ESFJ）趙華忍組長的想法

和韓深井專家一起工作時，總是覺得很洩氣。由於總抱著批評的態度，較難以感覺到其對工作的熱情。而且，之所以照著現有的東西進行是有理由的，他卻總是用革新的名義主張要「改變」。到這裡還算可以接受，然而每當仔細聽了他的對策，又常常發現他沒有準備詳細的內容，只讓人感到驚慌失措。

#矛盾的解決方法

必須得出結果的趙華忍組長和看似總是挑剔現有事物的韓深井專家，兩人的意見似乎很難達成一致。因為趙華忍組長正在考慮如何完美地安排現有的事項，然而韓深井專家卻

總是喜歡重新思考整個過程，想把事情初始化。

　　對趙組長來說，正當性很重要；然而對韓專家來說，效果很重要。如果在雙方沒有達成協議的情況下貿然進行工作，可能會反覆產生衝突。因此，事先充分了解業務的宗旨和工作的效用性，之後再聽取韓專家所提出的有關「提高效用性」的意見，也不失為一個好方法。因為，韓專家可以藉由自己導出的意見，讓執行能力極大化。

陷入低潮！喚醒 ESFJ 的方法

#趙教練的 Message

　　只要在一起，就能為身邊的人帶來力量的你！因為總是對人們產生好的影響力，所以身邊的人會不斷來找你尋求幫助。但是到頭來，你可能會沒有足夠的時間顧及自己。不要只觀察人們的狀態，更重要的是，也**要有觀察自己的時間**。如果不審視一下自己在做什麼工作時，總是充滿力量；而做哪些工作時，自己的能量又會被奪走，並且適時去表達自己的意見，對方將很難察覺。

　　所以，你需要練習如何鄭重地拒絕。你要明白，你的拒絕並不會帶給對方那麼大的傷害，因為你的拒絕是對於「請求」的拒絕，而不是對「人」的拒絕。

　　假設有一天同事邀你去吃你不喜歡的血腸湯。儘管你那天只是為了看起來肚子不舒服的同事才勉強去吃的，但是在那之後，每次要吃血腸湯，那個同事都會來找你。這是誰的錯呢？是明明不喜歡血腸湯，卻沒有明確表達的自己做錯了嗎？還是不關心你喜好的同事做得不對呢？

　　像上面這種情況，儘管彼此都沒有特別的錯誤，但也會讓人感到不舒服。如此的瑣碎日常，如果反映在工作上，還

可能影響關係。如果總因為很難拒絕，便吝於表達自己的意思，那麼即便沒有什麼特別理由，你和同事一起工作時，也可能會變得很不自在。

「拒絕」擁有可以讓自己更坦率地與對方連結的力量。希望你能記住，**健康的關係總是伴隨著拒絕、告白與請求。**

INTP

深淵知識專家
韓深井專家

INTP 的工作特徵

「已經工作第幾年了，到現在還不知道的話，以常識來說合理嗎？」

#就算什麼都不做，也會因為各種想法而頭痛

　　身為名符其實的「**創意銀行**」，INTP 常常會陷入各式各樣的想法之中。他們會在腦海中想著諸如：「如果競爭公司先發制人，推出這項商品，我們會拿出什麼對策呢？」、「如果因為機密洩漏導致海外投資者中斷投資，我們的商品該如何籌集資金？」、「法律上的問題該由誰來負責呢？」等等多種可能性。就連時常憂心忡忡的 ISFJ 類型聽了，也會覺得有些意外。

　　對於其他類型的人來說，這只是「到底會不會發生？」的想像，但是對於擁有強烈好奇心的 INTP 來說遠不只是如此，這些是敦促他們去尋找是否真實發生過這些事、學習相關基礎知識來反省自身無知，並藉由學習來滿足知性渴求的欲望。

#最好簡單扼要，只說重點

INTP 類型的人很難忍受與人初次見面時，不自然且尷尬的時間。**重視效率**的他們，傾向於覺得這樣的時間沒有意義、沒有必要，所以也並不感到可惜。有些人會因為覺得在課程開始前的分組打招呼的時間很不自在，而故意晚一點出席。雖然也不喜歡這種沒禮貌的行為，但是 INTP 類型的人喜歡跳過為講究禮儀反而礙手礙腳的階段，直接進入正題。所以在與 INTP 類型客戶見面時，可以盡量簡化前言，直接詳細介紹商品。

#看到聰明的人，就會想要尊敬他們

多少有些枯燥無味的 INTP 類型可能會讓人覺得他們感性不足，不過實際上，還是有某些魅力可以吸引他們。一般來說，當察覺對方與自己有共同點，或是看到對方擁有自己沒有的東西時，INTP 類型的人便會感受到其魅力。尤其是對方比自己有智慧，或是身上擁有值得自己學習的優點時，INTP 類型的人會不由自主地尊敬對方，並陷入其魅力之中。

反之，如果實力比自己差或擁有的知識不足，無論對方的地位是否比自己高，INTP 類型的人都容易有看輕對方的傾向。因此，如果想要受到 INTP 類型的人尊重，就要找到自

己比 INTP 類型的人更了解的領域（不管是什麼領域），與他們進行討論，如此就能迅速與他們拉近距離。

#一陷進去，就很難脫身

初次見面的人會覺得 INTP 類型的人很高傲，而且不善言辭。然而，只要有人贊同自己關心的事，INTP 類型的人就會和對方聊開，甚至連時間飛逝都不知道。

如果 INTP 類型的人提出：「這個現象的原因是什麼？」、「為什麼會有這些規定？」等他們有自信的主題，可以說上幾個小時。反之，面對不感興趣的主題，INTP 類型的人甚至可以馬上不考慮身邊的狀況，直接戴上耳機，沉浸在屬於自己的世界。

#善於發現問題並立即解決

在 INTP 類型的人眼中，現存規範和系統問題看起來幾乎是立體的，所以在執行現行業務時，他們經常提出別人沒有想到的問題。例如：他們可能會指出公司所制定的加盟店相關規定，對 5% 的人來說非常不合理。

為了解決這些問題，INTP 類型的人也很**樂意爭論**。爭吵得越激烈，他們越能感受到莫名的喜悅。因為這個矛盾，可

以讓規定更加完美，而且他們也能藉由提出人們未曾發現的
事項，彰顯自己的存在感。所以，INTP 類型的人也被稱作
「**智慧型缺點揭露者**」。

適合 INTP 的工作環境

#藉由分工，可專心處理各自業務的環境

　　INTP 類型的人認為與其在一個空間裡一起做同樣的事，不如妥善分配業務讓大家可以專心執行各自的工作，更能提高生產效率。因此，在推動方案時，INTP 類型的人偏好先獨立將分散的業務各自完成，再和其他人一起檢查整體業務的工作方式。

　　雖然有需要時，可能會在作業途中互相尋求建議，不過由於這種狀況經常演變成不必要的閒聊，因此 INTP 類型的人認為這是沒有效率的運作模式。INTP 類型的人通常比較喜歡當個獨立自主的自由工作者，或是可以在自己專屬空間裡工作的居家辦公模式。

#策略規劃的業務

　　INTP 類型的人能在要用宏觀角度判斷可行性，或者預測新專案風險機率等的工作中發光發熱。因此，在需要進行策略企劃業務或危機管理時，絕對需要他們的宏觀看法。在寫企劃案時，比起詳細內容，INTP 類型的人往往更重視事業方向或實施背景。從這些方面來看，他們的確是真正的**企劃家**。

#好奇心十足,需要有新挑戰的工作

INTP 類型的人不管遇到什麼事總是會忍不住**好奇**,跟其他人比起來,他們想要一探究竟的欲望相對較高。這種好奇心其實常常成為問題解決方案或與眾不同的企劃案種子,例如:他們可能在簽訂合約時,因為好奇客戶的決心而重新制定合約中的條款;又或者因好奇員工辭職時的心情,而調查了辭職後滿意度等等——他們出於好奇心而開始的那些超脫常理的挑戰,有很多在最後都成了具有生產性的事。因此,INTP 類型的人可以做某種原理或概念的研究工作,或是探索純科學等領域來發揮自己的能力。

#不關心權威關係,只專注業務

INTP 類型的人時常因為在辦公室不可以戴耳機或必須衣著端莊等與業務本身沒有任何關係的規則,或者全員都必須參與只有一部分的人想參加的聚餐等不必要的上下關係而感到鬱悶。如果強迫 INTP 類型的人接受不被他們認可的紀律或程序,他們便會選擇逃避。INTP 不願受沒有理由或無法說服他們的權威所束縛。

因此,比起成為發揮合作意願的共同體,可以讓 INTP 類型的人專注在維護公正性的同時,還能尊重各自特性的**獨立**

工作，更可以讓他盡情發揮自身的技能。INTP 類型的人認為上下階級明確或擁有批准流程的職場生活，會阻礙多元思考，導致效率降低。

#喜歡聰明且探索智慧的自己

INTP 最能感受到自我存在感的瞬間是「自己知道很多的時候」。每當這種時候，自我陶醉的心理就會湧上他們的心頭。身為光想到了解某件事就興趣盎然的類型，如果以進行理論研究或藉由書籍不斷學習的工作為職業，將會激起他們的興趣。學習可以同時是愛好和職業，這對 INTP 來說是一種巨大的吸引力。

INTP 的工作優點與推薦職業

－善於在工作上做出獨立自主的判斷。

－在敏捷解決問題時發揮能力。

－適合從事以專業知識為基礎來幫助身邊同事的工作。

－擁有嶄新的創意和洞察力，能在必要的瞬間發揮機智應對
　狀況。

－擅長計畫宏圖，重新開發前所未有的東西。

－在工作時不會帶入私人感情，因此可以客觀處理。

－會專心做一件事，想要踏上專家之路。

＊推薦職業：純科學研究家、教授、財務諮詢人員、研究家、
　投資分析家、發明家、創作者、建築家、哲學家、評論
　家、檢察官、未來學者等。

案例：與不同類型發生矛盾的瞬間

申通海（INTJ）專家和韓深井（INTP）專家正在企劃員工培育體系。

申通海專家： 到目前為止，我們公司的培育體系好像太簡略了。雖然擁有教育體系，卻從未真正實行過。

韓深井專家： 你說中了我的想法。我認為這是把虛有其表的東西全都加進來的紙上談兵型培育體系，根本在浪費紙張和印表機的墨水。

申通海專家： 啊，不過好像還沒有糟糕到你說的那種程度。像谷歌就認為培養員工不是特別活動，而是過程。我也覺得如果建立員工之間互相教育的P2P學習網絡（又叫做「g2g」）系統會更有幫助，你覺得呢？

韓深井專家： 這個部分我完全有同感。前提是要建立起制度和系統。然而，我覺得應該要能夠自願舉辦培訓，只是如果相關獎勵制度不足，這樣的系統可能很難繼續下去。另外，我們也需要建立課程品質相關的檢驗系統，以判斷需要請知識多豐富的人來擔任講師。

申通海專家： 為什麼我現在總覺得你好像在逃避這件事？所以這個培育計畫到底是要做，還是不做？

#（INTJ）申通海專家的想法

兩人的思考方向和價值觀比較吻合。雖然有很多相似之處，但是聽到韓深井專家的想法，還是覺得他有些悲觀。在他的回饋意見中，似乎很少聽到正向的詞彙，讓人搞不清楚他想要提供的是發展型回饋，還是指責型的回饋。當然，韓專家可以敏銳找出別人想不到的危險因素，然而沒有對策的回饋意見對改善行動沒有幫助，所以很讓人感到鬱悶。雖然申專家是不容易受到傷害的類型，不過偶爾還是會被韓專家所傷害。

#（INTP）韓深井專家的想法

首先，和申通海專家還算談得來。因為對方在自己的專業領域中，具有平均以上的知識水準，所以對話起來旗鼓相當。但是，韓深井專家一旦認為自己的信念正確，似乎就會聽不進去身邊人所說的話。明明只是跟他說需要注意而已，他卻會表現出「你有本事，你來解決」的態度，讓人驚慌失措。由於不知道是不是該無條件贊同他的意見，這個部分頗讓人感到不快。

#矛盾的解決方法

理想且綜觀大局的兩人看待業務的觀點很吻合。但是，想要做出決定並盡快實現的申通海專家和想要在最佳狀態下進行工作的韓深井專家可能會有互相矛盾的想法。

尤其，申通海專家的劣勢功能是實感（S），雖然會縱觀全局，但是在細部事項和現實需要考慮的事情上比較遲鈍；相反地，韓深井專家的劣勢功能是情感（F），在表達自身的主張時，會忽略對方需要感情上的關懷。當事人因為擔心而說出的話，會被對方認為是指責的原因，就是因為「排除了感情，並假設尚未發生的事已經發生」的這種表達方式，那樣說出口的話可能會帶給對方指責的感覺。

因此，兩人合作需要充分認可 INTJ 類型的奇妙想法。如果在這個基礎上，再提及自己擔心的細節，就可以成就具有發展性的團隊合作。

陷入低潮！喚醒 INTP 的方法

#趙教練的 Message

你的智慧魅力讓人佩服。即使你說著錯誤的內容，人們光憑你的存在，就願意信任你說的話。但是，也有人會認為想法深奧到難以理解的你相當異想天開。聽了他們對自己的評語之後，你很有可能因此動搖，甚至一蹶不振——「我真的是四次元的人嗎？」

然而，何必被那些人的看法擺佈呢？希望你可以記得，**被人認為異想天開不是一件需要感到羞愧或是以憂慮目光看待的事**。反而正因為是這樣的你，才會被身邊的長輩一臉欣慰地稱讚：「一個人也可以自己處理好。」、「開拓自己人生的樣子很帥氣。」當你像小大人一樣說話的時候，也會聽到別人稱讚你成熟。

可能有人會把憂慮的目光投向行事獨立的你：「你怎麼可能獨自生活在這個世界上？那樣一來會是孤獨的。」孤獨是自體感受的主觀感情。如此主觀的情感，你不一定也要感受到。你要記住的是，喜歡自己看著辦絕對不代表你必須當個「邊緣人」。然而，獨自度過的時間中，具有生產性的時間並不多。

就像學習也是透過與他人的比較才得以得知，只有**與他人共生**才能造就更具生產性的時間。因此，建議你抽出時間，積極加入與自己關心事物相近的人所組成的聚會。在那裡，你會遇到許多民間高手。

ESFP

最強氣氛製造者
崔高朝專家

ESFP 的工作特徵

「沉重的氣氛只會阻礙我們的靈感。」

#不管在哪裡，製造氣氛是我的使命

就像是接到「必須營造良好團隊氣氛」的任務而進入公司一樣，為了營造愉快的氛圍，ESFP 類型的人不惜使出渾身解數。但這可不是有意識去進行的努力。

在會議開始之前，他們會用簡單的玩笑來活躍氣氛，或是以豪爽的笑聲提高同事們的幸福指數等行為，就是很好的例子。其實，他們本人可能感覺不到，不過他們比其他人高八度、宏亮一‧五倍的聲音總自然吸引著周遭人們的注意。因此，當他們偶爾在家辦公的時候，其他同事可能會說：「今天的辦公室好冷清啊！」

像這樣擔任**氣氛製造者**的角色，就如同他們的宿命一般。

#沒有辦法隱藏自己的表演本領

在前往郵局處理業務的路上，他們也會因為路途中聽到的歡快音樂而充滿了興致。對 ESFP 類型的人來說，酒似乎沒有太大的意義。因為即使不借助酒精的力量，他們內在的

表演本領不管在什麼時間、地點都會探出頭來。無論要唱歌還是跳舞，他們都能做得有模有樣，就像隨時隨地都準備好要展示自己的特長一樣，他們這種興致也為身邊的人帶來了快樂。

只是，要求身邊的人必須和自己保持相同的狀態，可能會為他人帶來負擔；或者突如其來才藝表演所展現出的興奮，可能會讓周遭的人覺得不好意思。

#很高興可以帶來刺激的快樂

ESFP 類型的人喜歡準備一些讓人吃驚的驚喜。如果有人過生日，就算只能準備蛋糕，他們也會思考該怎麼為對方辦成一個難忘的生日。此外，他們還會在公司內提議舉辦一些小活動。例如提議：「我們要不要來玩爬梯子遊戲？賭冰淇淋！」、「今天天氣很好，要不要鋪張草蓆，在外面吃午餐呢？」等可以和同事們一起享受的活動，他總讓身邊的人感到很愉快。

比起嚴肅的氣氛，ESFP 類型的人更想營造快樂的工作氛圍。相反地，他們也很難忍受有人把氣氛變得嚴肅。由於喜歡充滿特別活動的日常生活，所以他們時常會突然請了一週的假去旅行等等，反覆表現出即興和刺激的模式。

#沒有自信獨自在辦公室安靜地工作

ESFP 類型的人只要看到坐在辦公室角落，埋頭於工作的人，就會想要過去搭話，只因為擔心那位同事會感到孤獨。就像這樣，在如同讀書室般安靜的辦公室裡專心工作，反而會讓 ESFP 類型的人無緣無故感到鬱悶；但若是讓他們在可以進行自然對話，並且流瀉著低沉音樂聲的咖啡廳型辦公室工作，他們的效率就會提高。

然而，在這種環境下工作，很難在時間內達成目標，所以一定要建立「代辦事項清單」後再執行業務。

#著手新事物，使我快樂

對**體驗新事物**抱持渴望的他們，會對要和不曾合作過的人一起進行的專案而感到心動，於是也會自然而然舉起手，自告奮勇要加入。對 ESFP 類型的人來說，他們關心的是「和誰工作得多麼有趣」，所以有時會沒有先去思考「該從什麼時候開始工作」、「完成日期是什麼時候」、「如果與自己正在執行的工作並行，會不會超出負荷」、「這項工作會否對自己的作業成果或職業生涯有幫助」等問題，便直接舉手，讓自己日後陷入尷尬局面。

適合 ESFP 的工作環境

容易和他人混熟也是一種能力

ESFP 類型的人不拘泥於禮節，對組長也會開小玩笑，藉此融化冰冷的氣氛。他們身邊的人在某一刻都會和他們成為朋友。無論身處什麼地方，他們都有能力將該處打造成對話的場所。偶遇在其他樓層工作的同梯同事時，甚至會將他們介紹給自己的組長，為他們建立關係的橋樑——這是該類型具有的巨大魅力之一。

身為 ESFP 類型的熟人，有可能單純因為是他們的朋友而莫名其妙與初次見面的人一起吃飯。他們似乎認為任何人都可以享受「善良的人們聚集」的場合。和新認識的人親近對他們來說，是件快樂的事。

因此，你可能會看到 ESFP 類型的人輕易接近了在他人眼中彷彿凶狠虎王般的上司。考慮到他們的這種性格，如果從事需要經營**人際關係**的職業或工作，可以發揮十分有用的優勢。

活用自己的人脈解決問題

正在進行的工作出了問題時，你會怎麼辦？ESFP 類型

的人會突然開始翻找電話簿。他們這是為了尋找可以徵求意見的人，或是可以給予實質幫助的人。他們會透過電話向認識的人徵求在困難情況下的可行建議，也會按照對方給予的建議付諸實行。在必須做出人生重要選擇的時候，ESFP 也時常受到熟人建議的影響。

他們相信人際關係不僅僅是單純的享受手段，在事業擴張、嘗試一直猶豫的挑戰、挖掘難以得知的高級情報等等方面，也能得到很多幫助。由此可見，人際關係在 ESFP 類型的人生中，占據很高的重要性。

#用正向心態減輕問題的重量

ESFP 看起來可以用正向心態克服任何困難。在他們身邊，對方的苦惱都會變成一件小事。面對原料供需困難，導致無法按時交貨的危機時，ESFP 類型的人可能會說：「哎呀～去拜託客戶看看，請他們把交貨日期順延一天吧！客戶所在國家的時區比韓國還要早十個小時，只要拜託他們配合我們的時間就可以了。」如此若無其事地把眼前沉重的問題變成了輕鬆的意外。

如果有人在沉重的苦惱中掙扎，請別忘了 ESFP 類型的人可以減輕問題的重量，**把煩惱變成可以輕鬆解決的事**。

掌握潮流，適用於業務上

ESFP 類型的人擁有觀察他人對什麼事物會做出敏感反應的傾向。因此，他們時常能發揮判斷力，將最近蔚為話題的素材運用到業務上，製作成標語或結合概念等。ESFP 類型的人對**時尚潮流的感知**也非常出色，最新流行的時尚都能按照自己的感覺帥氣地消化。因為具有美感，也會嶄露出擅長拍照或擺盤等，擁有視覺美感的性格。

可以透過經驗學習的環境

對於自己感興趣的事，ESFP 類型的人會毫不猶豫地去挑戰。總能拋開成功、失敗，從經驗中學習的他們，覺得需要**累積各種經歷**，才能知道該職業是否適合自己，所以不少人會親自體驗多種職場，不斷更換。

此外，他們也認為在工作現場可以找到無法透過推測或理論書籍學習到的東西。對他們來說，從現場經驗中學習到的東西是最有價值的。也許正因為如此，他們在職場上很常發生難得一見、特別滑稽的故事。

ESFP 的工作優點與推薦職業

一就算遇到嚴重的事情，也會運用特有的幽默來避免狀況的
　發生。
一能夠讓工作環境的氣氛更加開朗。
一善於關心他人，營造和諧的工作環境。
一面對新挑戰，不會覺得猶豫或害怕，持續透過經驗學習。
一能透過特有的厚臉皮，輕鬆解決與難相處上司之間的關係。
一會將無聊的日常生活企劃變成特別活動，為身邊的人帶來
　無限樂趣。
一能利用社交力將人們聚集起來，透過人際網絡拓展事業。

＊推薦職業：宣傳、行銷企劃、策展人、國小教師、造型師、
　旅行社導遊、零售店店長、活動企劃、藝人、攝影師、環
　境保護活動家等。

案例：與不同類型發生矛盾的瞬間

趙華忍（ESFJ）組長和崔高朝（ESFP）專家正在規劃下半年度的徵才活動。

崔高朝專家：組長，Ａ餐廳的午間套餐怎麼樣？上次我和其他組的組長去過那裡，那位組長特別喜歡。我帶過去用餐的人當中，沒有人覺得不好的。

趙華忍組長：確實，那裡的白切肉真的是一流。託崔專家的福，我又知道了一家美食店。這真的不太妙，我正在減肥呢！

崔高朝專家：啊，您現在正在減肥嗎？那您知道戰略企劃組的趙關懷專家變瘦了嗎？聽說他減了十五公斤。據說是吃了效果極佳的中藥，要幫您打聽一下嗎？

趙華忍組長：我還是先靠自己的力量減看看吧！話說回來，各組的徵才計畫我們都收齊了嗎？

崔高朝專家：是的，都收到了。在這裡。

趙華忍組長：咦？為什麼少了行銷組的？他們沒有徵才計畫嗎？

崔高朝專家：啊，對了。我忘記他們那一組了。我馬上打電話問高專家。

趙華忍組長：崔專家，你什麼都好，只是希望可以多集中一些精力在工作上！

#（ESFJ）趙華忍組長的想法

趙華忍組長總是很感謝崔高朝專家把快樂的氣息帶進組內。他那擅長照顧、鼓勵他人的樣子，沒有什麼好挑剔的。但是，他也希望看到崔專家更加專注在工作上。因為崔專家總是忘東忘西，所以在委託他進行什麼業務時，老讓人感到不安，並且需要再三確認。

雖然從未對崔專家直接表達過，但是他看來似乎總是興奮到已經超越快樂，讓人感覺有些混亂。崔專家的辦公桌也都亂七八糟，沒有整理好，似乎很難專注在工作上。然而，這種細節很難向他開口。

#（ESFP）崔高朝專家的想法

體貼又善解人意的趙華忍組長真的是個好人。不過遺憾的是，他無法讀懂崔高朝專家內心在想什麼。有時候好像很願意呼應，但是又會突然在毫無防備的狀態下提出有關工作的問題，讓人有點驚慌失措。工作進行的途中，總是看他像是拿著鑷子般，不斷挑出崔高朝專家漏掉的部分，追問：「這個你做了嗎？」感覺他好像在緊盯著自己，讓人毛骨悚然。

雖然趙華忍組長和崔高朝專家好像很合得來，卻又好像無法互相理解。

#矛盾的解決方法

趙華忍組長的優勢功能是情感（F），也許比崔高朝專家想像的還要更照顧他人。雖然組長會希望按照自己制定的計畫執行工作，但是劣勢功能為直覺（N）、喜歡即興行事的崔專家，很有可能無法滿足這種欲望。因此，趙華忍組長需要明確表達自己的需求，而崔高朝專家需要制定長期計畫，並與同事們分享該計畫。

雖然和看起來很愉快的崔高朝專家在一起，辦公室總是傳出笑聲，但是工作的時候不能只顧著笑，這樣的崔高朝專家也讓人感到很不安。

儘管，當期限到了或時機來了，崔高朝專家也會自己完成作業。然而，彼此心目中的「時機」可能不一樣。就算崔高朝專家根據期限，在週三前按時交出了成果，趙華忍組長也可能會從週二開始就感到不安。為了平息彼此的不安，崔高朝專家應該先說出計畫好的內容，讓身邊的同事安心等待。

陷入低潮！喚醒 ESFP 的方法

＃趙教練的 Message

讓四周始終充滿開朗氛圍的你，將在任何地方發光發熱。有時候你會因為自己的形象而感到沉重的負擔。不能表現出辛苦給了你壓迫感，這時你是否都選擇暫時拋開煩惱，在不安中享受著與身邊的人在一起的快樂呢？

ESFP 類型對焦慮的接受度，可以說是在十六種類型中最低的。因為有時候不會把自己正面臨的嚴重情況告訴親近的朋友，或者連自己也想迴避，最終有可能讓事情變得更嚴重。這種極端的積極表現，很有可能是不想被人發現悲傷的自我防禦。

如果用迴避的手段忘記需要立刻解決的問題，改變的將只有時間，而那個問題終究沒有被解決或改變，會一直等著你。如果遇到處理不當的事情，**與其逃避，不如迅速承認**，去修正為正確方向，或者至少冷靜面對眼前的問題。比起以不安的心情享受當下，用輕鬆的心情享受才是增加人生幸福瞬間的方法。

INTJ

連事後也納入計畫的洞察家
申通海專家

INTJ 的工作特徵

「那件事為什麼要那麼做？」

#知識是補足人類缺陷的唯一方法

INTJ 類型的人認為人類是無比懦弱的存在，而這個錯誤源於「無知」。

他們認為只有了解才是唯一可以充實自己的方法，所以若有不足之處，就會連衍生的相關內容也一併學習。如果在打電話給客戶時，突然想知道地區號碼，他們就會馬上翻找地區號碼。像這樣發現自己不知道的事實時，他們會比其他人感受到更大的成就感。

在投入工作之前，INTJ 類型的人也會想要知道事件發生的現象或原因。如果公司老闆強調要找出造成某議題的原因；或是想得出固定業績不足的品項，之所以不足的原因——INTJ 類型的人會認為了解原理和基礎非常重要；並且他們也會在了解的途中，得到無法用語言表達的巨大成就感。因此，他們平常最喜歡說的話就是：「這個為什麼會這樣？」總透過 Why 提問來消除自己的好奇心。

#不太記得人們的名字

如果問 INTJ 類型的人說：「你認識羅安寧專家嗎？」試圖用名字讓他們想起別人，會讓他們感到驚慌失措。雖然和那個人一定有接觸過，但是要 INTJ 類型的人記住名字並不容易。「啊，是當時要求協助 A 業務的那個人嗎？」如果像這樣將人與曾經共事過的工作相連結，對他們來說可能更容易。

INTJ 類型比起人，更加注意課題，因此他們也常被認為**對他人漠不關心**。比起從對方身上直接感受情感，他們更傾向於通過直觀的推論來察覺。

#我預測的事情常常真的發生

INTJ 類型的人喜歡用自己的直覺預測以後會發生的事。聽到他們主張：「未來金價會上漲，不覺得我們公司的 A 產品銷售額也會跟著上漲嗎？」同事們可能會摸不著頭緒。但是，在看到他們說的話成為現實後，多少都會感到有些驚訝。

在 INTJ 類型的人中，有很多人擁有根據自己一直以來觀察的過去軌跡，試圖推測出特定規則性和原理的習慣。另外，他們也很關心沒有真正發生的事實和背後的事實。因此，有人會盲目相信並追隨只有部分科學家私下知道的假說；也有人甚至準確猜中戀人在未來某天會欺騙自己並胡言

亂語，讓人感到毛骨悚然。

#只要認定是對的，就無法屈服

在推動工作時，如果他們確定是「對的」，即使身邊的同事都有疑慮，INTJ 類型的人也會擁有**堅持自己意見的信念**；如果自己判斷有未來的可能性，即便身邊的人都勸他們，這是魯莽的挑戰，INTJ 類型的人也依然會堅持挑戰。因為他的決定不是輕易判斷出來的，而是已經評估過未來可能發生的情況了，所以就算身邊的人也不太能阻止這些選擇。

看到這樣的情景，身邊的人都會覺得 INTJ 類型的人相當我行我素。甚至在業務上也會強烈要求對方按照自己預想的順序推動，認為這樣才有效率。

#極限會在自己設限的瞬間產生

INTJ 類型的人經常設計把自己想像中理想面貌現實化的專案。例如，在企劃公司產品的廣告時，他們會勾勒出模特兒和廣告概念等的理想面貌。雖然知道他們想法很好，不過同事們卻會因為昂貴的廣告費而猶豫不決。儘管如此，只要他們心中有強烈直覺，INTJ 便不會放棄，堅持繼續推動下去。他們會把相關業者全部找遍，最終成功邀請到模特兒。

每當像這樣著迷於一件事，他們就會執著地堅持到底。也許有人會將其行為稱為固執，不過對 INTJ 類型的人來說，這是他們在處理高水準理想業務時的原動力。

適合 INTJ 的工作環境

#有系統建立體制並完成工作的過程

萬一把應該寄送給 A 客戶的收據，因為失誤而寄給了 B 客戶，INTJ 類型的人不會只是說句：「寄錯了。我再重寄一次。」就算了，而是會接著建立出一套可以防止再次失誤的系統。他們可能會找遍所有電子信箱軟體的功能，或找出預約寄出的功能，接著建立起規則，讓他們必須再次確認郵件後，才能正式寄出。

INTJ 類型的人並不像 ISTJ 類型的人那般細膩或細心，而是會**透過系統化來提高作業的完成度**。

#藉由與他人不同的成果證明自己的能力

人們在推進業務時，往往會參考現有的成果，並為了創造出更好的結果而努力。不過，INTJ 類型的人**想要擺脫現有框架**並重新蛻變的欲望比較強烈。然而，太過前衛的計畫，可能會讓身邊的人很難一下子理解或產生共鳴。

#把想做的事整理成待辦清單

因為在規定時間內要做的事情很多，所以如果沒有事先計畫好早上要做的事，毫無計畫便開始工作，今天之內要做的工作就無法全部完成——人們看到這樣想的 INTJ 所安排的計畫表，會發現他們根本連吃飯、休息的時間都沒有。那必須是完全不開會，也不和同事打招呼，一直埋首於工作中才有可能達成的。

對於總是把無法分割的時間，不斷分割得更零碎來使用的 INTJ 來說，**時間效率是非常重要的價值**。說不定這也是讓 INTJ 類型的人更加無暇顧及四周的緣故。

#不厭倦自我開發的能量來源

因為是對於**探索與深入新事物**相當執著的類型，INTJ 很容易對新知識產生興趣。他們會把對自己的關心昇華為 MBTI 研究，而且他們對這個領域很感興趣。INTJ 似乎對於可以直觀地推論他人感興趣。

事實上，在 INTJ 類型關心的領域中，只要是可以重新學習自己不知道的事情，都會讓他們感到快樂。對於業務內容的學習也是如此。如果公司不投資自我開發，或是經驗開發的機會較少，就會讓他們對公司的熱愛隨之減少。

在自己可以發展的地方，INTJ 類型的歸屬欲會提高，所以在擁有讓員工自我開發的福利系統，或是不吝於投資員工教育的職場中，可以讓他們感受到更多滿足感，並且願意為公司做出貢獻。

#只是完美主義，卻一點也不細心

有些人認為 INTJ 類型與追求完美的 ISTJ 類型有相似的嗜好。然而，這個想法其實大錯特錯。由於他們在最發達的優勢功能上有所不同，當兩人一起工作的時候，反而會覺得對方與自己的共同點很少。

INTJ 重視**未來計畫**。他們可以從準備好的未來感覺到安全感，並且十分重視靈感。相反地，ISTJ 類型在熟悉眼前的現實時，可以感覺到安全感，而他們重視的，是現在——光從這點便能充分感覺出彼此的差異。在業務上，ISTJ 會因為零失誤地完成工作而得到滿足；INTJ 則是在用上獨一無二的方式實現工作時，更能感到滿足。也因此，隨處可見他們在其他事情上的失誤。

INTJ 的工作優點與推薦職業

一工作時會尋找原理或系統，有效率地推動。

一如果是在做感興趣的事，不會允許自己休息。

一新的挑戰和創新對他們來說，就像日常一樣親切。

一掌握一門專業知識著手工作。

一不顧旁人擔憂，毫不動搖地堅持自己的信念。

一不斷尋找只有本人才能做的事情，並憑一己之力得出結果。

一對於積極、理想的未來不會放棄希望。

＊推薦職業：電腦工程師、工學教授、研究員、經營分析家、
律師、犯罪心理學家、評論家、展覽企劃或策展人、電影
導演等。

案例：與不同類型發生矛盾的瞬間

崔高朝（ESFP）專家和申通海（INTJ）專家正在考慮人事系統的訪問權限設定應該包括哪些人。

崔高朝專家： 人事系統真的不能開玩笑，居然可以看到面試分數。還有你知道嗎……羅安寧專家是首爾大學畢業的，你不覺得很酷嗎？

申通海專家： 那又怎樣？首爾大學又不是國外的大學。人事組現在也可以看到，這樣一來個資就有可能外流，所以我認為權限應該只設定讓老闆擁有。

崔高朝專家： 雖然你說得對，但是我們還是應該要看得到吧？需要查閱個資的事情也很多，如果每次都要得到批准，業務處理的速度可能會太慢。

申通海專家： 這就等於為了方便我們處理業務，侵害他人個資。我們一直以來都能看到，在法律上也可能有問題。老實說，很久以前入職的人裡面，有很多人並未同意使用他們的個資。萬一之後出了問題怎麼辦？誰要負責？

崔高朝專家： 哎呀，不要這麼緊張。但這樣我們不就每次都必須得到老闆的批准嗎？

申通海專家： 連評鑑等級也可以設定。萬一某個組知道了我們的個資，也有可能更改我們的評鑑等級，所以這個問題是不容忽視的。我們還是正式向老闆報告，等得到他的決定後再處理吧！

#（ESFP）崔高朝專家的想法

有憑有據說服他人的申通海專家！雖然承認他很聰明，但是他處理事情的風格，有時會讓人覺得非常窒息。因為堅守自己的信念而不傾聽他人說話的時候，總是讓他看起來相當目中無人，不管別人說什麼他都聽不進去。而且，他太過想要區分各自的工作，如果不干自己的事，即使是團隊中正在處理的工作，他也會顯得漠不關心。

#（INTJ）申通海專家的想法

只想靠關係解決公司業務，是申通海專家最討厭的想法。對於不對的事情，他認為就應該制定明確的標準處理，但是崔高朝專家常會隨便處理。申通海專家還曾經目睹他利用人事系統的訪問權限，把他人的個資告訴和他比較親近的同事。

申通海專家認為崔高朝專家的這種靈活性根本就是濫用權力。即使會被罵，為了公司的運作也有必須遵守的標準。申通海專家認為這是身為上班族的使命感，應該嚴格遵守。

#矛盾的解決方法

每個人都有自己的價值觀，而這些價值觀和溝通方式因

人而異，很難說誰的標準才是對的。此時，應該站在對方的價值觀上說服對方才有效——而不是只根據自己的價值觀。

　　例如：崔專家以「為了方便處理業務」當成開放權限的理由，但是因為這個理由違背了申專家的標準，不但無法說服，反而更激起他的怒火。如果改以申專家重視的標準，也就是「為了公司體系的正常運作」來當成說服的理由，也許會比較有機會成功。

INTJ ／ ESFP 的說服方式

用申通海（INTJ）專家的標準說服	
崔高朝（ESFP）專家的主張	容易查閱個資，有助於業務處理時的便利和迅速性。
對方（INTJ）看重的標準	公司體系運作順暢。
利用對方（INTJ）標準說服的內容	在忙碌的評鑑季裡，需要老闆批准才能使用的人事系統權限，可能會導致公司經營出現問題；同時我們也無法在期限內整理出評鑑結果，最後可能會讓作業體系變得一團糟。

用崔高朝（ESFP）專家的標準說服	
申通海（INTJ）專家的主張	侵犯個資的權限可能被濫用，公司體系可能會因此崩潰。
對方（ESFP）看重的標準	身為人事組，應該管理好人際關係，並講求工作的便利性。
利用對方（ESFP）標準說服的內容	知道我們擁有個資權限的人可能會提出無理的請求，如果答應了，反而可能耽誤我們的工作。

陷入低潮！喚醒 INTJ 的方法

＃趙教練的 Message

用意想不到的東西為同事們帶來靈感且聰明絕頂的你！在職場上，可能沒有人可以代替你。雖然身邊的人都很了解，你是比任何人都還要更深思熟慮地為對方著想，但是與你有距離的人，卻看不出你隱藏的溫暖。

人們尊重這麼有存在感的你，同時也能從你身上感受到距離。旁人眼中的你因為聰明，所以總是看起來自信滿滿，似乎很難接近。然而在社會上，有很多僅憑藉著關係，就能得到幫助的機會。因此，雖然你可能會覺得麻煩，不過**維持良好人際關係也是一種能力**。試著以提問的方式，與身邊的人展開對話吧！如果你開始展現微小的關心，身邊的人也會漸漸靠近你。

為了維持良好關係，需要熱情和努力。雖然這種努力會多少為你帶來一些麻煩，但是比起努力本身，你可能會得到更多東西。透過與周遭同事的互助合作，你可以獲得有用的情報，同時也可以反過來給對方方便，或請求幫助。

CATEGORY 4.

行銷組

ENTJ. ISFP. ENTP. ISFJ

| 小組特徵 |

　　行銷組是為了向消費者宣傳公司產品，或促進銷售而策劃宣傳活動的小組。為了讓產品被顧客認識，這個小組的組員需要擁有「利用有限經費，使效果最大化的企劃能力」和「強大的創意」。為了得到更多靈感，維持與營業管理組、研究開發組等相關部門之間的關係是基本要件，同時還要不斷提出創意，所以需要不太會對此感到疲勞的人才。

小組成員介紹

ENTJ
逸仁者組長

　　逸仁者組長的推動能力和具備風範的領導才能在組內非常有名。沒有人敢懷疑逸組長身為「最優秀工作狂」的實力，然而，旗下職員們的疲勞程度卻相當高。以革新方式推動工作，必然需要耗費很多心思，但他卻連執行速度都希望是急調快板。如果一直這樣以自身實力為標準看待組員，就會因為著急而說話太直接，導致組員們經常受到傷害。不過，逸組長對成果的獎勵是明確的，所以組員們看待組長的目光有好有壞。

* 特徵：如果想在搖滾區親眼看到他原本認真嚴肅的表情變得開朗，就要選擇工作得到好成果的日子。

ISFP
高收容專家

　　高收容專家屬於謙虛且不會喜形於色的類型。他常常在白色情人節把為了組員們準備的巧克力偷偷放在桌子上，而且連署名都沒有。聖誕老人大概也是這種類型的吧？擁有溫暖感性的和平主義者高收容專家雖然人很好，不過安靜埋頭工作的傾向相當嚴重。他不會提出什麼想法或主動推動業務。因此，也需要回想一下往日在合作時，他是否有展現出旁觀的態度。

＊ 特徵：因為太過謙虛，有時候連自己做的事都沒辦法大方承認。

ENTP
武限度專家

　　世界這麼大，要做的事也無限多的武限度專家，很少坐在自己的座位上——這是因為他要出去獲得洞察力。多虧了他，組員們得到了很多幫助。由於行銷需要不斷創造，所以很多人可能會因為厭倦工作，導致想出來的點子落於俗套，不過多虧了武專家像自動販賣機一樣不斷冒出的創意，同事們不會感到疲憊不堪。在著手進行新工作時，他會比任何人都早帶頭推動並改進想法，而越到案子的後半段，他就會越來越往後退。

＊ 特徵：會不斷思考，讓事情的規模越來越大，但是收拾善後的工作卻落在其他組員身上。

ISFJ
任忠臣專家

　　在溫暖柔和的表情和語氣中，散發出和演員金惠子*一樣和藹形象的任忠臣專家。無論人們提出什麼提議，他都會笑著回答「YES」。儘管任專家有點嘮叨，卻沒人看過他發脾氣。就是因為他很善於忍耐，所以在公司內幾乎沒有人對任專家有負面評價。

＊ 特徵：不要將決定權交給任專家，因為這是最殘忍的事。

＊　編註：韓國極富人氣且受人敬重的資深演員。

| 小組的日常生活 |

　　因為新產品「雙和茶」即將上市，行銷組的逸仁者（ENTJ）組長、高收容（ISFP）專家、武限度（ENTP）專家、任忠臣（ISFJ）專家，正齊聚在為了設計宣傳標語而進行會議。

逸仁者組長： 聽説這次會向各組收集宣傳標語的提案，我們要選什麼樣的句子好呢？這次被選中的獎勵好像是小組聚餐。我們組也是時候該聚餐了！

任忠臣專家： 仔細想想，我們真的好久沒聚餐了。

武限度專家： 我們可是行銷組耶，這次也要拿下獎品！你有什麼想法嗎，高收容專家？

高收容專家： 啊，那個……「最便宜的補藥」怎麼樣？唉，好像不太好。武限度專家比較擅長這種事，你的 MBTI 不是創意銀行型嗎？

武限度專家： 哎呀，你也太不關心我了。我可是發明家型的。

高收容專家： 啊！哈哈，對耶！（不管是什麼都好……）我搞錯了你的 MBTI 類型。

逸仁者組長： 還有其他意見嗎？我們沒有時間花在這件事上面了。接下來，我們還有四場會議議程。

武限度專家：「為了你的一分鐘，傾注一千四百五十分鐘的誠

意」，怎麼樣？

任忠臣專家：哦！確實可以看出誠意耶！不過，二十四小時的話……是一千四百四十分鐘。

逸仁者組長：是嗎？沒有更好的想法了嗎？……因為時間緊迫，所以大家各自想一句，在今天下班前用郵件寄給我吧！

| 有效率的合作方法 |

＃給 ISF－型的建議

ISF－類型的人因為過於謙虛，很難輕易說出自己的想法。因此，他們時常肩負起鼓勵並支持組員的工作。這有時可能會讓 ENT－類型對他們產生一種缺乏熱情和不積極的印象。所以，就算沒有人詢問你的想法，也要主動說出來。例如：「正在考慮」或是「現在想不出好主意」等等。

＃給 ENT－型的建議

ENT－類型的人在運用多元想法改進創意上，擁有與眾不同的能力。不過，如果將當下想到的創意用跳躍式的方法表達，他人可能難以理解你深奧的想法。此外，由於非常看重任務，所以當遇到他們認為在工作上表現不好的人，或是令他們感到鬱悶的情況時，總是缺乏慈悲心。如此一來，ISF－類型的人在他們面前可能會更加畏縮。為了讓其他組員產生「心理安全感」，在對方提出意見時，要盡量看著對方的雙眼點頭，並稱讚對方的努力，營造這樣穩定的環境，有助得到更加優質的意見。

ENTJ

孤獨的開拓者
逸仁者組長

ENTJ 的工作特徵

「就算天塌下來，這件事也一定要成功。」

#我個性有點急，可以快點答覆嗎？

以個人實力為標準的話，大多數的工作通常可以在三十分鐘左右結束，尤其在撰寫報告、調查庫存等整理現狀的作業上，ENTJ 類型的人總捨不得投資時間，也認為這類的工作是在浪費時間。因此，如果看到身邊有同事對這種類型的工作傾注過多心血，ENTJ 類型的人可能會立即對此展現出鬱悶的情緒，他們的性格之所以如此急躁，是為了盡可能減少時間被分配在他們視為是瑣事的事情上，以確保可以更有效率地投入他們認為重要的領域。

ENTJ 類型的人重視的是**在革新的同時也具有實效性**。比起抓出散落在企劃書各個角落的錯別字，他們更重視企劃案的提案內容擁有多少價值。

#這件事有多少發展的可能性呢？

比起現在的不足，更重視**未來可能性**的 ENTJ 類型，不吝在「開發自身能力並規劃未來，再使其成為現實」的工作

上投入時間，他們尤其喜歡開拓別人想都不敢想，被認為是超現實的新領域，或是實現建立系統的工作。所以在選擇工作時，比起公司的規模，對 ENTJ 類型的人來說，公司擁有的項目有多創新、公司的前景是否明確，以及是否具有成長性等條件更加重要。

#只要看到意志力薄弱的人，就會生氣

ENTJ 類型的人一旦專注在工作上，就常廢寢忘食，甚至還會忍著不去上廁所。比起自己的健康，他們**更重視工作**，所以常常認為工作以外的存在只是陪襯——此處指的也包括他人。

光是待在對推動工作沒有幫助的人身邊，就足以讓他們感到不舒服。尤其讓他們難以理解的，是那些意志薄弱的人。對於不惜連續熬夜好幾天都要工作的他們來說，實在是無法理解那些每天都準時下班，卻不能遵守截止期限的人。

ENTJ 類型的人看到那些沒有嘗試過就說做不到，自我限制自身能力的人，也會感到生氣。因為在他們的標準裡，為自己的能力設限而不勇於挑戰，是阻礙自身發展並只安於現狀的行為。

人生就是非黑即白

ENTJ 類型的人**好惡分明**，而且表達方式也很堅定。對於喜歡的人他們總是不吝給予；但是面對討厭的人，就算只是假裝與他們曾有過一面之緣，對於 ENTJ 來說也是一件消耗精力的事，所以會盡可能想要避免。也因此，身邊的人都能感受得出他不喜歡的人是誰。如果他們討厭的人成為職場上司或同組組員，可能會產生非常不利的作用。

假如遇到自己喜歡的人或業務，ENTJ 類型的賽馬特質會發揮出來。利用驚人的專注力為對方提供超乎期待的滿意度，對他們來說是一種喜悅。所以，就連偶爾遇到的異性，也會發生不是「蜜糖」就是「毒藥」的情況。這可說是受到「一旦迷上某件事物，便勇往直前」這種肯定又急躁的性格所影響。

不要贅述，直接說重點吧！

對於標榜**直率**與**效率**的 ENTJ 類型來說，就連說一些客套話或閒聊的時間都會讓他們覺得捨不得。即便是許久未見的客戶公司人員，如果興高采烈地詢問各種近況的寒暄，短時間內沒有停止，他們也會打斷說：「進入正題吧！」

對他們來說，會議並非休息時間——這段時間是從「本

來至少可以完成一件工作」的業務時間之中，特意抽出來的一段珍貴時間，所以如果只是用形式上的寒暄來填滿實在是太可惜了。

如此面貌和 ESTJ 類型的人也很相似。雖說他們都以業務為中心、追求效率，但兩者之間卻也有其差異。ESTJ 類型的人專注於眼前事物，會逐一細心處理每件事項；ENTJ 類型的人則重視未來，所以只會專注於目標並且迅速推動工作——有時候也會因而陷入意想不到的難關。

如果 ENTJ 類型的人身邊有參謀類型的夥伴，就可以在業界成為劃時代的第一人。假使可以和那位參謀一直走到最後的話……。

適合 ENTJ 的工作環境

#最強才甘願的人

ENTJ 類型做的事和別人做的事有明顯的區別。不但既創新又新奇，甚至還兼顧了完成度，實在難掩他們的存在感。洞察力、決斷力、毅力、意志、熱情，無一遺漏。

他們從不會在原地停留，而是不斷描繪著更遠大的未來、**朝著巔峰前進**，努力建立不可替代的地位。因為如此巨大的野心，有時還會招來同事們的猜忌，或者落入把身邊的人都變成競爭對手的境地。

在 ENTJ 類型的人之中，登上顛峰的人很多——不，應該說他們很難忍受自己並未待在巔峰的位置。所以，如果在公司遇到勁敵或瓶頸，可能會無法游刃有餘地度過難關而就此被壓垮。也因此，很多 ENTJ 儘管原本在公司備受期待，卻突然辭職轉而成為新創企業老闆。對於成就擁有強烈欲望的他們，不管是面對工作或愛情，都具有競爭的一面。

#為了遠大目標與夢想獻身的你

ENTJ 類型的人常常抱著遠大的目標，而且如果經過他們的手，這些目標很有可能成為現實。因為 ENTJ 類型的人具

備不擇手段也要克服任何障礙的**強大精神力**，所以，有時會看到他們不惜搶奪他人東西，甚至出現損害自身健康的情況。正因為是這樣的他們，目標才有可能實現。

ENTJ 類型的人朝著遠大目標和夢想前進的理由是什麼呢？是不是越獨一無二，帶來的成就感便越強烈呢？事實上，在這一類型的人中，有很多人對成就感上癮而不斷挑戰。對他們來說，競爭是興奮劑，而且他們很享受與身邊的人展開善意的競爭。

＃問題越困難，越容易發動勝負欲

舉例來說，假設今天因為生產國問題，產品難以配合客戶的交貨日，ENTJ 類型的人會有就算要親自去幫忙包裝，也非遵守交貨日期不可的堅忍意志。這也讓他們順利獲得客戶的信任。遇到這類問題時，ENTJ 類型的人反而會發揮自身的傲氣來解決，展現出很有**氣魄**的樣子。說不定遇到的問題越困難，他們就越有機會表現能力。因此，他們反而把苦難當成興奮劑，而不會選擇放棄。

＃需要變幻莫測技術能力的事業領域開拓者

即使還沒有技術，ENTJ 類型的人也喜歡學習別人沒有嘗

試過的事，並且繼續開拓。有些人甚至設計了足以改變韓國文化的創新系統，並加以實現。像是 Market Kurly 的代表 KIM SEUL AH、Socar 的代表 PARK JAE WOOK、Toss 的代表 LEE SEUNG GEON、Fresh 的 代 表 JEONG JOONG KYO、Yanolja 的代表 LEE SOO JIN、Future Play 的代表 LYU JOONG HEE、My Real Trip 的代表 LEE DONG GEON 等等，都曾表示自己是 ENTJ 類型。根據共享辦公室企業 Spark Plus 以入駐公司代表為對象進行的調查，新創企業的領導者中，以 ENTJ 類型的人占最多數（以 2020 年 9 月的調查為據）。

#管理人員與經營組織的工作

　　ENTJ 類型的人在新組織的企劃和系統化方面擁有卓越的能力，因此經常聽到別人說他們有領導能力。ENTJ 很有可能被人們認為是具備**領袖風範**的領導者，因為他們的前進方向明確，為小組成員們帶來了信心，並且也積累了信任。

　　雖然只藉由「跟著我！自己跟上來吧，我只會提供大方向」這種領導方式管理組織成員，可能會讓成員們感到不安。但是，因為很少有領導者能用如此堅定的信念推動創新藍圖，因此很多員工會被這種信念和領袖魅力所吸引。

ENTJ 的工作優點與推薦職業

－在荒地上也能夠建立新系統。

－善規劃未來，能實現遠大的夢想。

－以不屈服的意志解決困境並克服障礙。

－以強烈的領袖風範領導組織，讓人願意信賴。

－以客觀的態度處理工作，不受感情擺佈。

－用堅定的表現能力說服對方，讓對方可以信任。

－對於知識的需求很強，喜歡學習新事物。

＊推薦職業：管理諮詢顧問、律師、工會會長、新創事業家、
　行銷負責人、行政服務管理者、建築開發工程師、經營管
　理者、投資顧問、軟體開發人員等。

案例：與不同類型發生矛盾的瞬間

　　逸仁者（ENTJ）組長和高收容（ISFP）專家正在研究本季的投資報酬率（ROI）為負成長的原因。

高收容專家：第三季的投報率為 −17%。不管怎麼看，其中一個原因便是五十年來首次出現的酷暑，造成消費者減少移動。

逸仁者組長：怎麼可以說出那麼不負責任的話？夏日酷暑是理所當然的現象，不是應該事先預防嗎？連這點也沒有想到，太不像話了吧？

高收容專家：對不起，那個……。

逸仁者組長：這不是說對不起就能解決的事。要不找出其他原因重新報告，要不就是提出解決方案。

高收容專家：有什麼其他原因嗎？雖然我們已經預測到了酷暑，不過因為是五十年來前所未有的高溫，連度假勝地也沒有人口流動。

逸仁者組長：如果把度假勝地和流動人口的變數也區分出來，導出的結果會不會不一樣呢？這種事還需要我一步一步告訴你嗎？真是鬱悶！

#（ISFP）高收容專家的想法

　　那個超越積極，已經可以說是魯莽的組長，雖然有很多值得學習的地方，卻總是讓高收容專家覺得自己變得越來越渺小。就算沒有說什麼，卻也總是被他的魄力壓倒，連原本想說的話都想不起來了。尤其他的大嗓門帶來的強烈印象，如果強心臟等級普通，很難戰勝這種氣勢。其中，最讓高收容專家感到痛苦的，是逸仁者組長的說話方式——總讓他覺得不管是自己的方法還是行動力都不合格。

　　「不只是努力去做，而是要把事情做好。」、「用這種方法，要等到什麼時候才會做得完啊？」等充滿壓迫的話語，都讓人感到無比窒息。

#（ENTJ）逸仁者組長的想法

　　高收容專家總是一副天下太平的態度。即使聽到刺激性話語，也總是以若無其事的表情道歉，接著一切好像就在不知不覺間被重置了。雖然已經共事很久，不過每次看到他的舉止，逸仁者組長都會被那看起來沒有自信的表情和靦腆的語氣惹得鬱悶。此外，組長總是希望他處理工作時可以速戰速決，並在執行業務時多方面思考，這個要求似乎是組長太過擔心了。

#矛盾的解決方法

逸仁者組長的劣勢功能是情感（F），所以常常很難理解對方的情感；而高收容專家的優勢功能是情感（F），故一句溫暖的話和對方的態度對他都至關重要。因此，就算只是組長的一句話，也很容易讓高專家受到傷害，甚至意志消沉。

尤其在和逸組長一起工作時，高專家總是顯得很渺小。此時，高專家常常會選擇逃避，然而這可能也不是逸仁者組長希望的走向。

因此，逸仁者組長如果可以改變表達鬱悶或遺憾的方法，並引導高專家朝著自己想要的方向前進，對整體的狀況會較有利。最好同時給予以行動為主的回饋和理解感情的回饋，如此比較有效。

有效的回饋範例

指責行動並實施壓的回饋	了解高收容專家的情感 並提供明確指示的回饋
「你總是很慢才會回訊息。這已經是第幾次超過決定好的回覆期限了？」	「我可以感覺到你為了得到好結果而付出了心血，但是如果不遵守期限，後面的事情就泡湯了，所以我希望你以後能夠以遵守期限為優先。」

陷入低潮！喚醒 ENTJ 的方法

#趙教練的 Message

擁有天生的領導氣質，總是會用領袖魅力壓倒對方的你！扮演組織內的問題解決師，從容不迫地解決難題的你！如此藉由強大推動能力引導組織的你，給人的存在感是獨一無二的。

但是，人生的波濤隨時會朝任何人襲來。這時比起有勇無謀的強大意志力，更需要等待風暴過去的從容和靈活的態度。就算在這種時候，你也會因為強烈的自尊心，不輕易露出疲態或氣餒的表情，反而抬頭挺胸站起來，展現想要獨自堅持下去的樣子。你不想被人發現懦弱的模樣。

雖然被別人發現了也不能解決問題，不過希望你可以知道，只要向親近的人傾訴，就會有鬆了一口氣的感覺。就像剛從海裡撈出來緊閉著殼的蛤蜊雖然充滿了雜質，但只要張開嘴就會被淨化。所以**試著開口喊累吧**！如果你懂得吐出讓自己難受的雜質，便能感覺到被淨化了。

ISFP

謙虛的寵貓
高收容專家

ISFP 的工作特徵

「與其說我表現好，不如說是因為我們全組同心協力，才有可能完成。」

人們辛苦，都找我訴苦

ISFP 被譽為十六種類型中最溫暖的類型，平常總是帶著一副溫和且保持平常心的表情，似乎已經看透了這個世界。對他們來說，人生中似乎沒有特別辛苦或高興的事。多虧了這種平常心的樣貌，ISFP 類型的人才能夠溫暖地與把他們當成**心靈故鄉**吐露煩惱的同事們產生共鳴，傾聽他們的苦衷。

就像這樣，ISFP 類型的人大部分在組織裡，都表現出接納的態度。比起對大家說：「就這麼做吧！」然後推動某件事，他們更偏好說：「好吧！」表示自己的立場並在背後扮演輔助的角色。只是，有時候他們的共鳴會被對方認為是贊同，所以當日後提出其他主張時，可能會被反問：「一開始的時候，你不是已經同意了嗎？」

安靜埋頭苦幹，就可以完成一半

比起乾柴烈火般熊熊燃燒的熱情，能像火爐一樣持續不

斷地燒是 ISFP 類型的一大優勢。相比一口氣速戰速決的短期業務，ISFP 在需要**毅力**的長期工作上，表現得更加耀眼。不過也因此，身邊的人有時候會看不到他們的貢獻。

在這一類型的人中，有很多人既不抱怨，也不會惹出重大意外，能安安穩穩地完成過半以上的進度。組織內部發生爭論時，沉默會將他們帶到有利的位置。因此，ISFP 類型的人在組織內，常常自詡是仲裁者的角色。

#拜託千萬不要叫我站在大家面前

對於**很容易害羞**，而且在意他人情感的 ISFP 類型來說，站在人們面前的壓力比他們想像中的還要大很多。因此，有很多人對於站在眾人面前，會感受到巨大的壓力，甚至會為了逃避上台報告或帶領大家敬酒的場合，故意看準時機躲到廁所去。很多人將這個類型比喻成溫馴的貓。

平時害羞的他們，可能在 KTV 唱歌時卻表現得非常棒；或是乍看之下對什麼事都漫不經心，但卻常常被選為優秀員工。儘管如此，ISFP 類型的人卻不會因為言行不一而被人討厭，這是因為他們擁有**謙遜**地以「我只是運氣好」來畫下美好、溫馨句點的美德。

#我道歉的意義可能和你不一樣

在感到為難的情況下，人們必須先道歉心裡才會舒坦。但是，ISFP 類型的人很可能不是真的因為反省或感到歉疚而道歉。

例如：茶水間備品用完，卻沒有及時訂購，因而受到責備。這時，其他類型的人會解釋，最後使用的人沒有告知所以不知道。這麼一來，可能會引發矛盾。然而 ISFP 類型的人會把這件事當成自己的錯誤，先收拾局面。

他們的「道歉」與其說是對於情況本身而產生歉意，不如說是對對方可能感受到的感情產生共鳴。然而，他們卻可能因如此行為受到誤會，或者導致必須站出來道歉的情況反覆發生。

#忠於現在的及時行樂

很多人把權力和財產視為幸福的條件。但和那些說著「如果我擁有一棟建築物，就會變得幸福」為幸福設下條件的人不同，ISFP 類型的人會去發現現有的幸福。他們心裡似乎很清楚，佩戴在自己身上的飾品，並不能帶給他們天生的滿足。

由於不會把幸福交給「未來的自己」，而是獻給了「現

在的自己」，ISFP 類型的人對於每件事都非常**從容**。他們知道幸福是從和相愛的人分享、許久未見的喜悅、發現一直在身邊的珍貴事物而來。比起擁有的幸福，ISFP 類型的人更懂得感受發現的幸福。

適合 ISFP 的工作環境

#可以用最少努力取得最大成果的職業

比起擁有一份充滿活動力的工作或興趣，更喜歡躺著的 ISFP 類型，平時會習慣性地開口說出：「好麻煩。」比起活動身體，他們更擅長使用最少的動作坐著工作。尤其，他們很擅長坐著用雙手生產的工作，所以很適合需要手藝的職業。

另外，不知道為什麼，在單純藝術領域的名人中，有很多ISFP類型的人。據說，貝多芬、托斯卡尼尼[*]、林布蘭特[†]、尼金斯基[‡]也屬於這個類型。每當有靈感，便間歇性工作的純粹藝術家也很適合 ISFP 類型的人。

#請守護工作與生活的平衡

比起成功的手段，ISFP 類型的人更常把工作當成守護生活的手段。因此，比起職場內的冒險和挑戰，他們更容易被**穩定與和平的職位**吸引。越是往上升遷，反而越會讓他們感

---

[*] 編註：Arturo Toscanini，義大利名指揮家，十九世紀末最有影響力的音樂家之一。

[†] 編註：Rembrandt Harmensz van. Rijn，繪有名畫《夜巡》的荷蘭畫家，是巴洛克繪畫的代表畫家之一。

[‡] 編註：Vatslav Nijinsky，波蘭裔俄羅斯芭蕾舞者和編舞家。

到負擔。所以他們在職場上不會刻意表現出成果，而是保持謙虛的態度。

ISFP 類型的人在十六種類型中最為謙虛。其「深藏不露」就如同深淵的冰川難以估量，身邊的同事們常因他寬廣深邃的心而抱持更大的信賴。職場上最令 ISFP 類型的人感到危險的，便是用緊繃的規定引誘大家競爭，而且工作很多的情況。對他們來說，充滿競爭的職場是讓人只要想到上班，就會感到窒息的環境。相反地，可以讓他們產生安全感的就是相互想法都被尊重，可以自律安排工作，只必須按照規定好的份量處理事情的環境。

#獨自熱衷某事時，綻放的專注力

ISFP 類型的人平時喜歡靜靜坐著發呆或睡覺，並且會把工作拖延到不能再拖為止，多少帶給人一種懶惰的印象。不過，他們似乎是為了投入其他的事情而節省著能量。

面對自己感興趣的事，ISFP 會表現出衝動的一面，並且無畏忙碌地行動。因此總是在公司見面的同事，與 ISFP 類型的人在公司內部的同好會上相遇時，有時會感覺他們像是變了一個人。

平時的他們的話很少，甚至難以得知他們究竟擅長什麼

工作，因為最讓他們感到困難的事情之一，就是表達自己的意思。所以，同事們常常會到了後來才發現他們其實是 Excel 達人，或者曾經在其他藝能、體能領域，以驚人的實力拿下大賽獎項等有趣的過去。

一旦他們投入一件事情，就會不分晝夜，無比地專注。因此，ISFP 類型的人也能在需要全心投入的創作工作中嶄露頭角。

比起理論，更喜歡體驗學習

如果電腦出現故障，比起翻閱說明書，ISFP 類型的人更重視直接將其拆解後進行修理，有**重視實際經驗**的傾向。對於線條、色彩也很敏感，所以其中有很多人在設計領域嶄露頭角。他們擅長使用五感、手工製造東西，並且擁有感知細微變化的觀察力，因此有很多人在修改或修理作業上很有能力。比起分析與預測理論上看不到的現象，他們處理和解決現有事物的能力更突出。

雖然怕生，卻是真正的聖人君子

雖然 ISFP 平時沉默寡言，對於初次見面的人來說，多少會讓人覺得有些憤世嫉俗，但是相處久了，就會發現他們有

寬廣包容力和具接納性一面。所以常常有人說他們是「這個時代真正的佛祖」。

職場上，ISFP 就算待在臭名昭著且重視位階的上司，或是小心謹慎且易怒的上司身邊，常受指責也看似能神奇地撐下去。但是很可能有一天，他們會直接曠職，並向勞動部舉報。雖然擁有寬厚的個性，讓人以為他們對感情也很寬容，但他們的優勢功能是情感（F），所以對關係的敏感度很高。他們主要偏好透過鬆散的紐帶維持適當關係，同時營造有自律文化的環境。

ISFP 的工作優點與推薦職業

─在尊重彼此隱私的同時，營造能合作的工作環境。

─擅長一步一步實現的工作。

─常常在需要藝術感的工作中，意外找到適合自己的位置。

─以溫暖的包容力為組織成員的和諧做出了很多貢獻。

─享受著愛好時，展現出巨大的投入能力。

─正面思考，不管在什麼事情上，滿意度都很高。

─即使沒有做出特別的行動，身邊的人也會對你產生好感，
  並且依賴你。

＊推薦職業：純藝術、國小教師、花藝師、精工師、主廚、
  木匠、裝潢設計師、音樂導演、消防員、社會福祉師、物
  理治療師、兒童福祉諮詢師等。

案例：與不同類型發生矛盾的瞬間

高收容（ISFP）專家和任忠臣（ISFJ）專家為了進行新的行銷活動，正在制定計畫。

高收容專家：這次的行銷活動地區在釜山、首爾，要從哪裡開始呢？

任忠臣專家：啊，就是說啊！這兩個地方都試過一次，已經知道各自的優缺點了……所以該從哪個地區開始比較好呢？真的很難決定。

高收容專家：啊，好難哦！首爾？釜山？唉……。

任忠臣專家：對了，比起這個，我更擔心我們要怎麼完成新的行銷活動。

高收容專家：無論如何應該都能輕鬆解決吧！任專家本來就很會找重心嘛！

#（ISFJ）任忠臣專家的想法

和心胸像湖水般平靜、寬廣的高收容專家一起工作時，莫名就讓人感到舒適。他總是很關懷對方且善於傾聽，也會毫不猶豫地表達自己的意思。

然而問題在於，任忠臣專家和高收容專家單獨開會時，很難做出決定。因為兩人都是過於體貼的類型，所以在推動工作上很可能遲遲無法做出決定，工作也會因此受到拖延。另外，如果一味相信過於從容的高收容專家，將很難遵守期限，形成更加緊急的局面。

#（ISFP）高收容專家的想法

任忠臣專家是一直以包容態度獨占組長信任的員工，所以高收容專家對任忠臣專家的依賴性比較高。再加上，對人非常體貼的他，時常會詢問並尊重高收容專家的意見，提供了讓人能自在工作的環境。

然而，高收容專家偶爾會發現任專家明明有話想對自己說，卻又一副猶豫不決的樣子。因為太照顧彼此了，他們很難說出對方令自己感到惋惜之處。因此，儘管兩人乍看之下很相似，卻也能感受到其中無法用語言表達的距離感。

#矛盾的解決方法

如果在一旁看到兩人的樣子，會讓人鬱悶到直拍胸脯。當兩人對彼此的關懷碰撞在一起，力量就會加倍，讓他們很難做出決定，甚至無法順利推動工作。雖然優勢功能是實感（S）的任忠臣專家會展現出符合情況的適應力並發揮領導能力，但是就連這些能力也會在察覺到高收容專家的細微感情變化時，變得猶豫不決。

此時，為了順利處理業務，兩人需要的已不是互相關照，而是明確劃分業務──必須為該做的事建立詳細的清單，並分配負責人，最後還要留下紀錄。如果需要做決定，比起互相詢問意見，更推薦將各種可能決定會帶來的優缺點寫在紙上。在書寫的過程中，可以讓思緒變得客觀，有助於整理想法並做出明智的決定。

陷入低潮！喚醒 ISFP 的方法

#趙教練的 Message

在他人面前總是以溫暖的關懷和謙遜武裝自己的你！雖然把精力傾注在關照對方，但是對照顧自己可能會漠不關心。你也因此陷入了莫名的無力感嗎？失去動力的你如果在此刻擺脫日常生活，進行一些新的嘗試，可能會重新感受到活力。

有沒有什麼從以前就想做，卻因為優先順序而被擠到房間一角抽屜裡的興趣呢？如果想要獨自去旅行或是學習國標舞，不要浪費時間煩惱了，直接付諸行動吧！

當然，這對你來說並不容易。因為就算想要預約，你也可能會因為懶得打開電腦，結果錯過了時機。

這時，請記住這件事——你之所以猶豫不決，可能是因為你一直堅持想做出「最佳選擇」的完美主義傾向。

生活中都會有做出滿意的選擇和最佳選擇的瞬間。「滿意的選擇」是只要你喜歡，就不用再煩惱了；「最佳的選擇」則是在「滿意的選擇」中，選出最好的那個。一直以來，你做的是哪一種選擇呢？如果總是想做出最好的選擇，那你是否都不曾感到後悔呢？還是更常在觀察各種資訊並做出決定

後，反而留下遺憾。要是**不管做出最好的選擇或滿意的選擇都會留下遺憾**，在不會對人生造成重大危害的問題上，不妨就做做「滿意的選擇」吧？

ENTP

新事物前的活力泉源
武限度專家

ENTP 的工作特徵

「重新挖掘多個水井，結果不會挖出一個深井嗎？」

#不會被有趣的事情磨損的電池

　　「害怕命運的人會被命運吞噬；挑戰命運的人，命運將為其讓路。」（奧托・馮・俾斯麥*）正如同這句話說的，ENTP 類型的人相信在新的挑戰中會得到成長。他們存在感華麗，就算只是待在他們身邊也能感受到**強大的能量**。總是用比別人高八度的聲調或更加強硬的語氣掌握辦公室裡的氣氛。這種能量不只在語氣上，工作時也能感受得到。

　　如果進入他們覺得有趣的開發業務，就會表現出專注到連午飯都忘記吃的模樣；如果沉迷於螢光色系的設計，那麼不管是座位或衣服，四周都會變成一片螢光色。儘管他們具有像這樣熱情地投入一件事情的傾向，不過幸運的是，這個狀態往往不會持續太久。如果這份熱情持續很久，恐怕最後整間辦公室都會變成螢光色的吧？

　　有時候，旁人可能會認為他們的熱情已經冷卻或對這件

---

* 　編註：Otto von Bismarck，德意志帝國的首任首相，有「鐵血宰相」
　　之稱。

事感到厭倦，然而事實上，他們的熱情不可能冷卻，只是轉移到其他興趣上而已。他們會不斷尋找能夠重新投入的事物，例如：選出自己可以完全迷上的書籍、興趣、人物等對象並持續改變，藉此維持熱情的溫度。如果能在開始新活動時，和他們一起進行，不僅可以營造熱情的氣氛，還能得到活潑的創意。

#捉弄他人其實很有趣

你是否曾經因為剪斷自己喜歡的同班同學的橡皮筋，或是向好朋友開玩笑而差點吵架呢？ENTP 具有**叛逆氣質**，所以喜歡捉弄人，也會和同事們開開玩笑，讓氣氛變愉快。雖然偶爾也會發生說話前未經思考，而傷害到對方情感的情況。但由於即便表現自我，ENTP 也不會經過任何過濾，總如實將自己展現在他人眼前，所以也很難討厭他們。

他們會對覺得自己不細心的同事笑著說：「沒錯。老實說，我不會看得太仔細。」像這樣坦率且堂堂正正地承認自己可能的弱點，人們就會傾向寬容對待他們的弱點。他們似乎也不太在意別人說自己壞話的理由，再說自己因為捉弄他人的樂趣無法自拔，也是不可否認的事實。

#可以問我很多問題，但是不要問得太深入

ENTP 類型的人總興致勃勃地想**探索多個領域**。雖然不是很深入，但是他們對於科學、政治、藝術等多方領域都有涉獵，給人有智慧的印象。因為對智慧的渴望很高，所以對於了解新領域和獲取新消息都感興趣。因此，如果想要知道職業的趨勢，或是好奇新的資訊，去找他們也許會得到有用的提示。而且，聽到他們充滿自信的想法和創意，也許還可以重新喚醒暫停的腦迴路。

只是，如果總是深究他們不知道的事，ENTP 類型的人可能會說：「你應該親自去了解一下，那個部分我還不知道。」或是有可能聽到錯誤訊息，所以需要多加注意。

#在世界的中心呼喚自己

獨特的時尚、特別的興趣、大範圍的行動等，讓 ENTP 類型的人在辦公室裡難掩他們的存在感，而他們偶爾也會享受這樣的目光。即使混在人群中，也會因為其超現實的特質，經常聽到別人說他們很獨特。這些形容聽起來可能很令人在意，但是他們也接受別人認為他們是**人群中特別的存在**。這是因為比起當個平凡或沒有存在感的人，ENTP 類型的人更喜歡與之相反的強烈形象。

由於他們自尊心強烈，而且也很愛自己，所以鮮少被他人的話牽動情緒。實際上，這也展現出了他們獨特的一面。在與別人合作的成果中，ENTP 類型的人會融入自己的色彩或留下專屬標誌等，想要藉此被認定為特別存在的欲望較他人都強烈。

#我去出外勤囉！

ENTP 類型的人對於靜靜坐著研究或陷入沉思，比較感受不到興趣。在外面活動或與人見面、創造新的興趣更適合他們。他們也會在策劃大局上嶄露頭角。

然而對他們來說，要他們連同有固定流程的事或私事也完美處理，是非常困難的。例如在處理經費、出差費等行政工作中，就容易出現意外的失誤，而他們的理由往往是為了專注在自己認為更重要的業務，才會疏忽了重要度低的事項。因此，如果在他們想要有效利用時間時，上司卻用公司內部規定和複雜的流程加以限制，可能會讓他們覺得鬱悶。光是要求他們按照一定的流程工作，就會讓 ENTP 類型的人喘不過氣。他們會認為結束外勤回公司的路上，捨棄午飯時間，在一個小時內完成自己的私事，有什麼不對嗎？然而上司很可能認為這是不對的。

ENTP 類型的人覺得在不必要的範圍內，紀律和規範會降低他們的效率。反之，在**自由奔放**的場合，會讓他們的工作效率更高。

適合 ENTP 的工作環境

#有信心能說服他人

　　ENTP 善以人們感興趣的股票話題、未來預言家故事等主題討人歡心，他們的智慧魅力讓人深深著迷。藉由這些故事，他們不只能讓周遭氛圍變得有趣又有益，不知不覺間就說服他人的能力也很出眾。

　　基本上**辯才無礙**的他們，在以理性的邏輯說服他人時也很能嶄露頭角，尤其當他們用充滿自信的語調說服對方時，就算指鹿為馬對方也會相信。此外，ENTP 類型應付各種狀況的能力很卓越，所以在陷入困境時，能夠以適當的理由明智地避。因此，在大眾面前進行報告時，也能表現出很強的實戰能力。

#覺得好奇就要問

　　一旦碰到好奇的事情，ENTP 的人常不會分時間和地點地發問。就算老闆在場，他們也很難忍住好奇心：「很抱歉打斷老闆的話。不過，您為什麼要把頭髮留長呢？」像這樣的提問，雖然可以解開自己的好奇心，卻也常會引起人們火熱的視線。

如果這種好奇心在職場上被觸發，他們會著手進行起探索新領域或創作新設計等獨特的嘗試。這種好奇心也可以在業務上培養企劃或**發現新事物**的能力，讓他們在擴大事業版圖的職業中，嶄露頭角。

#和別人不同，比他人更快

ENTP 類型的座右銘是「如果不去嘗試，什麼都不會改變」。他們相信新的嘗試不論如何都會帶來發展──愛迪生為了發明燈泡，嘗到了六千多次失敗；多虧了史蒂夫·賈伯斯的創新思考，才讓現在家家戶戶都有電腦──發展只有在打破既有框架時才能實現。安於現狀、不去尋求發展，像老鼠在滾輪上不停奔跑般度過每一天，對 ENTP 類型的人來說是一件令人鬱悶的事。因此，即使是做相同的專案，他們也要用不同於以往的方式進行才甘願。

ENTP 類型的人在工作中最有把握的，就是創造全新的業務。雖然對別人來說創造是痛苦的，但他們卻經常把自己的創意掛在嘴邊：「把 A 和 B 結合起來，建立一個新的系統怎麼樣？」腦海中時時刻刻都會冒出像這樣的想像。他們在工作中覺得最有趣的一刻，就是把想像裡的想法變成現實的時候，那會讓他們感覺到刺激的喜悅感。也因為這樣，ENTP

類型的人被稱為「創意倉庫」。

雖然**競爭意識**比較強，但是比起占據相對優勢，ENTP更想成為不可替代的人。他們認為走在與「他人不同、只屬於自己的道路」上並不壞。工作期限和徹底執行的規則可能會束縛他們活潑的想法，他們需要的是自由奔放且平等的組織文化。

#在不注意時發生的事業擴張

ENTP 類型的人具有天生的**企業家氣質**，尤其又被稱為擴張事業版圖的高手。如果在 A 領域經營一種產品，他們就會在那項產品取得成功之前，再擴展成其他兩、三種產品。不怕嘗試的性格，再加上聚寶盆般的熱情，讓他們得以完成這個目標。

只要同事們對於持續擴張不會感到疲累，並且協助做好收尾工作，團隊就有可能實現快速成長。然而，由於 ENTP類型的人從不介意由此衍生出的風險負擔，所以也需要做好因應危機的準備。

#和上司們聚餐怎麼會讓人感到負擔呢？

ENTP 類型的人不會覺得長輩或上司難相處，因為他們

喜歡和值得尊敬的人碰面並進行對話，所以也會喜歡參加對別人來說或許有些不自在的場合。ENTP 類型的人會和他們分享公司發展的方向，以及政界、財經界的消息，藉此滿足自己的好奇心，並對此感到滿足。他們也會把利用這種方式獲得的消息分享給其他同事或朋友，炫耀自己的**情報網**。

因為有許多外部活動，所以 ENTP 類型的人待在家裡的時間少之又少。他們能在收集資訊及擴大事業方面，表現出與生俱來的才能。

ENTP 的工作優點與推薦職業

－以直觀的創意開拓新領域。

－擁有多種領域的知識，享受討論的過程。

－擅長為了事業投資而進行的遊說或報告。

－不斷思考和表達新的想法。

－善於隨機應變，並主動解決問題。

－在自由奔放的氣氛下，會提出更奇特的想法。

－華麗的口才會讓組織內的氣氛變得更愉快。

＊推薦職業：企業家、發明家、律師、行銷企劃師、廣告撰稿人、政治人物、策略家、刑警、內容創作者、資訊圖表設計、活動主持人、攝影師等。

案例：與不同類型發生矛盾的瞬間

武限度（ENTP）專家正在向逸仁者（ENTJ）組長報告促銷活動的物品購買清單。

武限度專家：這次促銷，我想試著跟新商家合作。因為我找到一些新興企業，正在打折販售我們所需要的物品。

逸仁者組長：很好。也已經和現有的廠商合作了很長的時間，是時候讓他們緊張一下了。來看看需要買些什麼吧？（看了購買清單後，想要馬上簽名）等一下……這個好像算錯了吧？可以重新再計算一次嗎？

武限度專家：應該沒錯吧……（查看購買清單）個別計算的結果沒錯，只是在合計的時候算錯了。

逸仁者組長：好，重新整理一下再交給我。還有上次請你調查上一季的資料，結果怎麼樣了？

武限度專家：啊，那個……因為還沒有收到客戶的答覆，而且這陣子推動新的促銷工作，忙得不可開交。

逸仁者組長：不是，除了你自己說要負責的工作外，其他的總是被你拋在腦後。請你繃緊神經，不要忘記這些小事！

#（ENTJ）逸仁者組長的想法

看到武限度專家主動企劃新的業務並著手完成，身為上司的逸仁者組長也感到很欣慰。然而，他做事經常虎頭蛇尾。光在推動的階段就失誤連連，導致進入執行業務的階段時，總是讓人忐忑不安。

尤其發生失誤時，武專家不肯承認錯誤，而是說出一些想要逃避的話，會讓逸仁者組長更加生氣。因此，讓武專家獨自處理工作時，逸仁者組長總是感到不安。

#（ENTP）武限度專家的想法

又被組長急著要的東西給絆住了──不管什麼要求，只要逸仁者組長下達指令，武限度專家就得馬上交出結果。如果專注在其他事情上，就會被他當成沒有認真處理工作的人。

雖然組長重視積極的推動能力和企劃、體系偏好這點和武限度專家十分相似，不過組長自己在業務上也常有很多疏失，所以在被組長指責的時候，武限度專家會展現出一些反抗心理。

#矛盾的解決方法

逸仁者組長需要一個可以理解自己宏圖，並將其付諸實

踐的組員。但是，ENTJ 類型的人畫出的藍圖，常讓人很難在短時間內就理解。對於 ENTJ 類型的人來說，ENTP 類型的人應該是可以理解自己並且進一步加以擴張執行的，也就是他們眼中，可以與之溝通良好的組員。然而，在實踐的階段，可能會因為想按自己的堅持決定事情方向，或是緩慢的行動而感到鬱悶。再加上，逸仁者組長希望自己的組員可以更加專注在結果的完成度。

俗話說：千里之堤，潰於蟻穴。就算看出了未來的方向性，並畫出了美好藍圖，也可能因為 2％的細節而毀了結果，或是讓事情變得複雜。因此，我想向他們推薦戶塚隆將寫的《向世界頂尖人士學習成功的基本態度》一書。這本書包含了重視基本功的理由，以及高明的報告方法等內容。

陷入低潮！喚醒 ENTP 的方法

#趙教練的 Message

用華麗口才為身邊人帶來快樂的你！被人們稱為人氣王的你，有想要被愛的渴望。因為 ENTP 類型的人渴望尊敬和稱讚，所以在缺乏讚美的環境下會成為隱遁型。

其實你們在一個人的時候，總是會因為無法達到理想目標而感到不滿意。這絕對不是因為缺乏自信。然而不切實際的目標只會讓自己不斷掙扎，並且變得渺小。

希望你可以運用一些方法，將自己的目標分成詳細的幾個小部分，**累積成功經驗**。不只要將大目標分開成詳細目標，還要設立以行動為主的目標。這樣一來，比起透過周遭環境的影響，你將能憑藉自己的意志體驗成功，並且擁有堅韌的精神力，讓你更加愛自己。

詳細目標撰寫範例

*目標：減重

遠大的目標	詳細目標	行動為主的目標
減重五公斤	一個月減重兩公斤	一週到健身房報到五次

ISFJ

默默升遷的主管
任忠臣專家

ISFJ 的工作特徵

「分配給我的業務好像需要＋α，我也順便完成了。」

#不是國王背後掌權者，只是包容力好

ISFJ 因為「國王背後掌權者型」這個名稱常常受到誤會，令人意外地，他們其實不太會奉承。比起開口說出甜言蜜語，他們更常用行動表達。也許正因如此，他們的行動表現非常縝密。因為記憶力也很不錯，所以平時會暗中記住小細節，如：觀察寄送電子郵件或口頭報告，哪一種方式對對方來說比較方便，然後根據情況準備符合形式的報告。

由於他們平時很容易感到不安，所以為了以防萬一，通常會準備兩種報告。ISFJ 慣以這種縝密的態度迎合對方，所以除非有人下定決心不去喜歡，否則在公司內部很難把他們當作敵人。

很多人都想和他們親近，但他們卻不是會輕易敞開心扉的類型。除了少數幾個人之外，他們可能會與職場同事維持一定距離。因此，他們被認為是**神祕主義者**，甚至被稱為「邊緣人中的人氣王」。

#該關的燈和應該結束的工作,都再檢查一次吧!

在所有類型中,ISFJ 類型是**渴望安全**的欲望最強烈的類型。所以,他們總是想要提前做好準備,並且再次檢查後才能安心入睡。遇到重要的事情,即使別人不要求,ISFJ 類型的人也會自主加班。

他們為了以防萬一,每件事都仔細準備,時間不知不覺就過去了,就算那個活動其實是兩天後才要舉辦的……看著他們這個樣子,感知型(P)的人可能很難理解,甚至會疑惑:「明天明明沒有活動,到底為什麼要加班呢?」

ISFJ 認為,只有再次檢查好事先準備的東西,才能減少發生事故的可能,這樣他們心中才會覺得踏實。也因此,身邊的人常常覺得他們很細心。然而,如果說「細心的代名詞」——ISTJ 類型的人是系統性且階段性的細心;那麼 ISFJ 類型的人就是為了穩定不安的細心。和朋友們去旅行時,ISFJ 經常以「專業揹工」自居。由於他們會擔心當地很難空運,所以只有事先準備萬全,心裡才會舒服。

身邊的人經常說 ISFJ 類型的人就像媽媽一樣。從正面的角度來看,這代表他們「很會照顧人」。但是當他們成為領導者時,不被他們信任的組員可要做好忍受嘮叨的準備。

#我要成為持之以恆的烏龜

因為 ISFJ 類型的人重視組織內部的安全感，所以很多人會選擇長期在相同職場工作。按照組織規定的方向行事，可以讓他們產生安全感；與其他人相比，他們對公司的不滿也較少。因為無論在什麼環境下，ISFJ 類型的人都擁有以沉著冷靜的態度戰勝環境的**「堅持精神」**。

反之，他們對新環境或新的工作內容，並無法快速適應，總需要較長的時間一一熟悉。但是，在堅持不懈地開創單一領域上，還是具有一定的天賦。出差費、會計資料、上下班時間等，就算沒有人查看或管理，他們也不會放任作為，而是會堅持不懈地完成。從這一點來看，ISFJ 類型的人就像雖然不燙，卻能維持溫度的砂鍋一樣。

在別人眼中看來，他們顯得有些遲鈍。這是因為他們的感情起伏不激烈，而且就算面對上司的責罵或周遭的雜音，他們似乎還是會熱衷於自己的工作。然而如果仔細了解後你會發現，他們其實對於他人感情會做出非常敏感的反應，這點可以在與他們交談或近距離相處時明顯感受到。

#常聽別人對他們說：「好意外！」

ISFJ 雖然是內向型（I），卻常被誤認成外向型（E）。這

是因為和別人在一起時，他們傾聽對方說話，都會先以：
「啊，真的嗎？沒錯，就是說嘛！」等回應與之共鳴；處理
業務時，也會事先預想對方需要什麼並做好準備，配合對方
的節奏來建立關係。

　　然而，ISFJ 類型的人儘管喜歡與人相處，卻**更喜歡一個
人獨處**。他們很照顧他人，但只要覺得不太對勁，就會冷靜
地斷絕關係。似乎也會根據當下的狀況進行調整、適應——
在活躍的氛圍下，會展現活躍的自我；而在陷入冷靜憂鬱
時，便會凸顯相應冷淡的自我。這都是因為他們對於他人的
感情有很強的共鳴能力，看到他們這種樣貌的同事們常常表
示意外。

　　ISFJ 類型的人最出人意料的時候，就是在眾人都陷入混
亂之時。面臨危機時，他們會表現出與其他情感型（F）反
應不同的沉穩和冷靜。所以有些人也不太清楚自己是什麼類
型的人。可以確定的是，他們雖然對別人寬大，對自己卻相
較嚴格。

#不能直接決定好午餐要吃什麼嗎？

　　ISFJ 類型堪稱是擁有深思熟慮、勤勞性格的最佳母親類
型，時常展現出為對方獻身的樣貌。比起對自己有幫助的

人，ISFJ 類型的人更經常親近需要自己協助的人。在給予他人溫暖時讓他們感覺很自在，所以會想要同時做出自己和對方都滿意的最佳選擇，有時他們也會懷疑自己有決定障礙。由於這個特點，有人會覺得 ISFJ 類型的人是最好的同事。因為 ISFJ 類型的人總是回答「OK」並照顧大家，就算是他人的請託，他們也會當成自己的事一樣好好解決。因此，他們現在很可能正忙著處理大量湧入的業務，並且因為堆積如山的工作而急得直跳腳。

適合 ISFJ 的工作環境

#可以走得長遠的工作

ISFJ 類型的**歸屬感**非常強。他們個性誠實，所以工作態度不會有問題，而且他們總是默默做著自己的事，幾乎不會和他人發生爭執，也不常與人結怨或成為競爭對手的目標。對於組織的紀律和流程，ISFJ 類型的人不會抱怨，而是很聽話順從，所以組織內部也不會把他們當成問題人物。

雖然有人可能會覺得他們只是「隱藏了爪子」，但是因自身行動而成為人們討論對象，或是打破規定等，都會讓ISFJ 類型的人感到不便，所以他們總是選擇安靜共存，與他人相處得很好。在上下階級明確的組織中，很多 ISFJ 都沒有遇到任何問題，平步青雲晉升為高階主管。

#如果忍耐四次，會得到什麼嗎？

如果說他們最大的優點是什麼，大概是他們比較**有耐心**。就算是其他人無法忍受的上司，ISFJ 類型的人在他們手下也可以適應得還算不錯。這是因為他們會努力理解生氣的上司在想什麼，並且為了避免再次受責罵，提前處理好業務；企劃案也不只會透過電子郵件轉達，還會印出來並畫好

重點放在桌子上。這種細心的體貼讓他們得以融化如舍監般嚴格的上司。

ISFJ 與提出無理要求的上司或客戶長期打好關係，讓他人站在自己這邊的能力非常突出。只要自己不放棄⋯⋯。

#比起做出差別，完美更加簡單

ISFJ 會為了使用新設備而仔細閱讀使用說明書，並按照所示順序處理，如果既有的模式和規則出現改變，他們會覺得不便。因此，比起要求 ISFJ 類型的人執行創意和創新的業務，他們在面對**按部就班**完成的業務比較有自信。也就是說，比起企劃階段，他們在執行階段可以表現得更加耀眼。

如果想讓 ISFJ 類型的人負責需要持續創新的行銷等業務，將他們安排在「將規劃好的藍圖付諸實踐」的位子上，他們的能力會更能充分地被發揮出來。另外，如果沒有信心讓他們負責新的企劃工作，在現有業務中，挑出兩種成功的專案結合在一起也是一種成功要領。

#看到弱者，很難直接經過

ISFJ 對人的**觀察力**很好，所以會記住同事平時喜歡的食物，然後在他們感到疲憊的時候，送上驚喜禮物，發揮細心

的一面。如果從事照顧人或幫助他人的職業，就能發揮自身的能力。尤其，他們在一對一關係中很能嶄露頭角，比起與團體打交道，擔任個人教練更加適合。

#意外有很多工作狂

這個類型中，意外有很多**工作狂**，原因在於他們的人生中少有閒暇時間。看看他們，就能想像這些人在週末也繼續做什麼活動的樣子。

職場上，ISFJ 毫不懶惰或使用小聰明，總展現出努力不懈工作的樣子。因此儘管，ISFJ 類型的人乍看之下是關係型，讓人感覺會疏忽工作；但事實上，他們對事總是仔細處理。同時再加上，與高水準結果相反的低調謙遜，使他們更容易得到同事們的信任。

ISFJ 的工作優點與推薦職業

－幫助那些因為重感情和親切而陷入難關的人。

－總勤快、有責任感地處理業務。

－觀察力很強大，並且記得過去的經驗，事前準備好因應細部問題。

－喜歡儘量減少摩擦，引導合作性的組織氣氛。

－遵守規定的守則，遵守時間約定。

－在按照計畫辦事的時候，自稱是領跑者。

－總做好充分的準備，以防萬一。

＊推薦職業：護理師、幼兒園教師、老人療養福祉師、事務管理者、個人諮詢師、社會福祉老師、藥師、行政事務員、學習專案。

案例：與不同類型發生矛盾的瞬間

任忠臣（ISFJ）專家與武限度（ENTP）專家正在策劃本季的新促銷活動。

任忠臣專家：這一季要設計什麼樣的促銷活動呢？現在值得做的都做過了，我們這組的創意銀行武限度專家有沒有想到什麼？

武限度專家：就是說啊……雨下得這麼大，要不要辦一場爵士樂表演呢？

任忠臣專家：爵士樂表演嗎？該用什麼方式辦才好？

武限度專家：租個爵士酒吧，然後招待客戶來欣賞演出好像不錯。

任忠臣專家：啊～那麼做也不錯。但是，如果客戶們不懂爵士樂的話怎麼辦？而且，你有知道什麼爵士酒吧嗎？

武限度專家：啊，我只是隨便說說而已。但是這樣不就有新想法了嗎？不要只是問問題，那你有什麼好主意嗎？

任忠臣專家：啊，我有想過要不要舉辦有關夏日回憶金曲的表演，不過這個也做過了吧？唉，能用的點子都用得差不多了，現在不管怎麼想也想不出來。

#（ENTP）武限度專家的想法

以包容的態度讓對方感到心情愉悅的任忠臣專家在公司得到認可的理由很好理解。然而，每看到如果沒有一一說明，就無法理解的任忠臣專家，總讓武限度專家感到非常鬱悶。而且，在需要提出創意的場合，不管什麼方案他都會說好；但每當要他提出意見，任專家又會表示實在想不到。如果武限度專家提出想法，任專家又會說：「這件事就是因為○○，才會很困難，現在你那麼做，難道不會頭暈嗎？」阻礙了創意的擴張。

和任專家單獨開會時，實在很難決定意見。

#（ISFJ）任忠臣專家的想法

每當武專家提出新想法時，任忠臣專家都會想：「那個人到底和我有什麼不一樣，才讓他能這麼輕鬆就想到很好的創意呢？」對於任忠臣專家來說，他連一個都想不出來，而武限度專家就像打開抽屜一樣，自然而然提出各種想法。

雖然很羨慕那種能力，不過武專家也可能是因為創意太多，也有很多沒有營養的想法。再加上他們（ENTP）說的話模糊不清，所以很難理解。實際上，爵士樂演出和我們的產品有什麼關聯呢？雖然可以不深入了解，可是有時候沒有深

思熟慮就說出口的樣子，看起來就像是在敷衍了事。

#矛盾的解決方法

　　對武限度專家來說，想出主意似乎不是什麼難事。因為他的優勢功能是直覺（N），所以在創造新事物上，總會展現出活力。但是，任忠臣專家的優勢功能是實感（S），因此，他對創造新事物感到陌生。那些看不見、摸不到的主意，對任專家來說，連理解都很困難。

　　再加上，任專家希望沒有失誤、追求完美，所以總認為如果自己的創意不能完美整理，就很難說出口——這種想法也讓任專家的主意顯得更加不足。

　　如果想要嘗試創造多種創意的挑戰，推薦以下方法。

創造多種想法的方法

　　在一個句型上，用任何單詞填滿空格，並組合出各種情況。如以下範例所示，組合隨機單詞，可以輕鬆提出多元的新想法。

　　　（範例）在 ＿＿＿＿ ，＿＿＿＿ 。

－在釜山，觀看民俗遊戲。

－在渡船上，抽取爵士演出門票。

－在紫芒花慶典上，觀賞火車頭。

　　據成立軟銀的孫正義會長所說，他在發想新點子時，使用了一個獨家方法——他每天會從放了三百個單詞的箱子中抽出兩張卡片，然後發揮創意連接抽出的單詞。只要像這樣，在一個句子中隨機組合全新單詞，便可以擴大思考範圍。

陷入低潮！喚醒 ISFJ 的方法

#趙教練的 Message

默默完成自己的事，像松樹般始終如一的你！總是像習慣般關懷著同事們的你！因為對人很溫柔，同事們常會懷疑你其實不是內向型。不管在哪裡，你不是都可以適應環境並調整氣氛，將忍耐刻進骨子裡嗎？這樣一來，你可能已經習慣找不到自己真正喜歡的東西，而是努力照顧對方，然後被氣氛左右。

如果是因為這樣的自己而感到疲憊不堪，推薦你去發掘自己喜歡的優點或興趣愛好。你一定有什麼猶豫著要重新開始，但是至今卻還沒有嘗試過的事。實踐對你來說之所以困難，是因為你那連「跨出第一步的衝動」都害怕的慎重。請放下「這樣的話該怎麼辦」的擔心，**先跨出第一步吧！**如果想要學習，就盲目去報名補習班或填好研究所申請書——那些挑戰自然會引領你走向更大的成長。希望你不要忘記，其實你的能力比自己想像的還要強大。

結語

　　什麼樣的成員聚在一起，才能發揮最強的團隊精神？英國管理學家梅勒迪斯・貝爾賓（Meredith R. Belbin）的研究團隊，以參加管理遊戲的團隊為對象，進行了長達九年的分析。研究結果顯示，將所有最強實力者聚集在一起時，團隊反而會因為要花費時間使眾人意見達成一致，而導致投入實踐的時間不足，最後得到低於平均水準的成果。這種現象被稱為「阿波羅症候群」（Apollo Syndrome）。

　　那麼，在研究中取得優異成果的團隊有什麼共同點呢？根據結果，不同類型成員皆能各自發揮能力的團隊，取得了最優異的成果。這就是所謂「團隊角色均衡化」（Team role balance）。（梅勒迪斯團隊提出的九個角色任務分別是：支援探索者、營造氣氛者、執行者、完結者、判斷者、專家、創造者、協調者、推動者。）

　　從這個結果我們可以得知，只挑選能幹的人格類型錄取，可能反而會成為公司倒閉的原因。當然，即使團隊成員是相同類型，如果在團隊內的角色不同，也能夠完成相應的任務；然而，不同類型的組員聚集在一起，發揮各自的優勢

時，才能取得最佳成果。

　　至此我們已探索了所有 MBTI 類型的職場生活。正如各類型都存在優點和不足之處，我們要記住彼此的「差異」正是互相「補足」的關鍵。只有這樣，才能成為最強的復仇者聯盟，進而讓每個人都過上滿意的職場生活。

　　最後，希望透過這本書中提及的各 MBTI 類型之特徵，在團隊、小組內部形成有益於相互機智地理解和學習溝通方法的機會。

職場方舟 0025

如果害怕上班，呼叫 MBTI

給比起工作，與人相處更吃力的上班族，讓心變輕鬆的 16 型人格共事說明書

原文書名	출근이 두렵다면, MBTI
作　者	曹受妍 조수연（Cho su yeon）
繪　者	貓小姐 Ms. Cat
譯　者	莊曼淳
封面設計	張天薪
內文設計	薛美惠
資深主編	林儁昀
行銷主任	許文薰
總 編 輯	林淑雯

國家圖書館出版品預行編目 (CIP) 資料

如果害怕上班, 呼叫 MBTI : 給比起工作, 與人相處更吃力的
上班族, 讓心變輕鬆的 16 型人格共事說明書 / 曹受妍著 ;
莊曼淳譯 . -- 初版 . -- 新北市 : 方舟文化 , 遠足文化事業股
份有限公司 , 2024.02

面 ;　公分 . --（職場方舟 ; 25）

譯自 : 출근이 두렵다면, MBTI

ISBN 978-626-7291-89-4（平裝）

1.CST: 人格心理學 2.CST: 人格特質

173.75　　　　　　　　　　　　　　112021380

出版者　方舟文化／遠足文化事業股份有限公司
發　行　遠足文化事業股份有限公司（讀書共和國出版集團）
　　　　231 新北市新店區民權路 108-2 號 9 樓
　　　　電話：（02）2218-1417　　傳真：（02）8667-1851
　　　　劃撥帳號：19504465　　　　戶名：遠足文化事業股份有限公司
　　　　客服專線：0800-221-029　　E-MAIL：service@bookrep.com.tw
網　站　www.bookrep.com.tw
印　製　通南印刷股份有限公司　　電話：（02）2221-3532
法律顧問　華洋法律事務所　蘇文生律師
定價　420 元
初版一刷　2024 年 2 月
初版二刷　2024 年 6 月
ISBN　978-626-7291-89-4

書號　0ACA0025

方舟文化官方網站　　方舟文化讀者回函

特別聲明：有關本書中的言論內容，不代表本公司／出版集團之立場與意見，文責由作者自行承擔

缺頁或裝訂錯誤請寄回本社更換。
歡迎團體訂購，另有優惠，請洽業務部（02）2218-1417#1121、#1124
有著作權・侵害必究